新媒体视域下高校学生教育管理研究

郭　岑　韩东月　赵晓旭◎著

文化发展出版社
Cultural Development Press
·北京·

图书在版编目（CIP）数据

新媒体视域下高校学生教育管理研究 / 郭岑，韩东月，赵晓旭著．-- 北京 ：文化发展出版社，2024．8．
ISBN 978-7-5142-4439-7

Ⅰ．G645.5

中国国家版本馆 CIP 数据核字第 20247UL593 号

新媒体视域下高校学生教育管理研究

郭　岑　韩东月　赵晓旭　著

出 版 人：宋　娜

责任编辑：孙　烨　　　　　　责任校对：侯　娜

责任印制：杨　骏　　　　　　封面设计：守正文化

出版发行：文化发展出版社（北京市翠微路 2 号　邮编：100036）

网　　址：www.wenhuafazhan.com

经　　销：全国新华书店

印　　刷：天津和萱印刷有限公司

开　　本：710mm×1000mm　1/16

字　　数：200 千字

印　　张：10.5

版　　次：2025 年 1 月第 1 版

印　　次：2025 年 1 月第 1 次印刷

定　　价：72.00 元

I S B N：978-7-5142-4439-7

◆ **如有印装质量问题，请电话联系：010-58484999**

前　言

随着时代进步，以互联网技术为代表的新技术革命为人们创造了新的生活、学习和交往方式。在新媒体时代，随着网络信息传播技术、数字化技术、移动互联网技术的快速发展，新媒体得到了越来越广泛的应用。新媒体技术在信息收集、信息内容与形式、信息传播途径等方面的突出特性，使人们的个性特征、语言特点、行为方式、思想意识等发生了很大的改变。目前高校学生是使用新媒体技术最为广泛、最为活跃的一个群体，新媒体对高校学生、对高校思想政治教育产生了深刻的影响。

对于高校而言，互联网这一新事物使得新媒体视域下的高校学生教育管理面临新的机遇与挑战。如今在信息化时代背景下，高校如何有效加强并改进学生教育管理研究，提高工作的时代性与实效性，已成为高校学生教育管理者的重要课题之一。高校学生教育管理者应更新教育观念，利用新媒体开展好思想政治教育工作，加强师生联系，做好沟通教育与服务工作，不断提高高校学生教育管理工作的实效性。

在内容上，本书共六个章节，第一章为绪论，主要就新媒体概述、高校学生管理概述、高校学生管理体系构建的意义与思考及构建实践三个方面展开论述；第二章为新媒体视域下高校学生管理手段和高校辅导员工作，主要围绕新媒体视域下高校学生管理手段、新媒体视域下高校辅导员工作展开论述；第三章为新媒体视域下高校学生思想政治教育，依次介绍了新媒体视域下高校学生思想政治教育面临的挑战、新媒体视域下高校学生思想政治教育对策、新媒体视域下高校学生思想政治教育创新思考三个方面的内容；第四章为新媒体视域下高校学生网络心理教育，依次介绍了新媒体视域下高校学生网络行为与心理机制、新媒体视域下高校学生网络心理教育方法两个方面的内容；本书第五章为新媒体视域下高校学生就业指导与创业教育，分为三部分内容，依次是高校学生就业指导和高校学生创业概述、新媒体视域下高校学生就业指导创新思考、基于高校学生创业的新媒体建设管理策略；第六章为新媒体视域下高校学生安全教育管理，主要从高校学生安全教育概述、高校学生安全教育存在的问题与成因、新媒体视域下高校学生安全教育策略三个方面展开论述。

在撰写本书的过程中，笔者参考了大量的学术文献，得到了许多专家学者的帮助，在此表示真诚感谢。本书内容系统全面，论述条理清晰、深入浅出，但由于笔者水平有限，书中难免有疏漏之处，希望广大同行及时指正。

郭岑　韩东月　赵晓旭

2023 年 9 月

目 录

第一章　绪论

本章为绪论，主要包括新媒体概述、高校学生管理概述、高校学生管理体系构建意义与思考及构建实践三个方面。

第一节　新媒体概述

新媒体作为一个新兴的网络技术，它产生于虚拟的网络环境之中，并且随着技术的发展而处于一个动态的变化发展过程中。

一、新媒体的定义

1967 年，在美国哥伦比亚广播电视网技术研究所所长戈尔德马克（Goldmark）发表的一份关于开发电子录像的报告中，他把电子录像称为新媒体。两年之后，美国传播政策总统特别委员会主席罗斯托（Rostow）在向尼克松（Nixon）总统提交的报告书中多次使用新媒体一词，由此，新媒体一词开始在美国社会流行并逐渐流行于全世界。新媒体是一个相对的概念，是在报刊、广播、电视等传统媒体之后发展起来的新媒体形态，包括网络媒体、手机媒体、数字电视等。新媒体也是一个宽泛的概念，包含了利用数字技术、网络技术，通过互联网、宽带局域网、无线通信网、卫星等渠道，以及计算机、手机、数字电视机等终端，向用户提供信息和娱乐服务的传播形态，严格地说，新媒体应该被称为数字化新媒体。

目前，不同学者由于研究角度的不同，对新媒体的定义也各不相同，从国内的研究现状来看，清华大学新闻与传播学院熊澄宇教授从技术的角度上认为，新媒体是指受计算机技术出现和影响的媒体形态。

新媒体是在传统媒体应用形式拓展和延伸的基础之上发展而来的。目前主要有计算机媒体、移动媒体、数字互动媒体、车载移动媒体、户外媒体及新媒体艺术等，其中最具代表性的是微信和微博等新兴媒体的普及，这极大地体现了新媒体时代的特征。从上述定义上可以看出，新媒体本质上也是一种信息传播的媒介，但它的传播机制和传播过程与传统媒体截然不同。通过研究传统媒体向新媒体的演变过程，不难发现，新媒体中仍然蕴含着传统媒体的部分功能和属性，而且新媒体这一概念是一个不断发展的概念，对于广播来说，电视是新媒体，对于电视来说，网络是新媒体。

新媒体的“新”，实际上体现出的是技术手段和传播形态方面的“新”，起初，许多研究者只从技术的角度，认为新媒体是在计算机技术的应用和发展下被创造出来的一种媒介形态。但随着数字技术和网络技术的不断发展与创新，新媒体的形式得到了进一步延伸和扩展，如传统媒体与新媒体融合，创造了数字电视、电子报刊等新媒体形式。因此，根据时代发展的特点，研究者们需要从狭义和广义两个角度对新媒体概念进行重新研究。

（一）狭义角度的研究

在理解新媒体定义的过程中，研究者可以从其本质上进行分析。新媒体之所以“新”，除了其传播机制和特点与传统媒体不同之外，它所依赖的技术与传统媒体也有极大的不同。例如，报纸媒体采用的是激光照排技术，电视媒体采用的是影像传播技术，新媒体则采用的是数字化技术，即对文字、图像、语音、视频等传播内容进行数字化处理，使之依靠二进制代码的形式传递给不同位置的终端个体。并且借助于计算机技术和通信技术，使得媒体介质具有强大的存储、处理的能力，不同用户之间还可以实现信息的共享和交换。

在数字技术的影响下，产生了多种形式的终端形态，如计算机客户端、移动客户端，这些媒介载体与传统媒体或数字化创造出的新形态传统媒体具有非常显著的区别。例如，从信息传播的特点上看，无论是计算机客户端，还是移动客户端，用户可以自主地发布和传递信息，这改变了传统媒体时代受众被迫接收信息的状态。因此，在对新媒体的研究过程中，仅从技术的角度对其进行研究是远远不够的，还要重视对新媒体所具有的交互式特征等传播特点和大众行为进行分析。

（二）广义角度的研究

除了从技术层面上对新媒体进行界定，从其他学科和视角对新媒体进行解读，将帮助研究者更加全面地理解新媒体的内涵。

从广义的角度上对新媒体的概念进行研究，往往是对新媒体的载体或者是传统媒体的数字化进行研究分析，包括研究分析新媒体的传播特点、用户传播行为、用户传播心理等方面。其中传统媒体在向新媒体发展的过程中，传播者与接收者之间的地位发生了巨大改变，普通人也具有主动获取和发布信息的权利和自由，人们使用传播媒介的门槛降低了，传统媒体在信息传播领域的垄断地位发生了改变，虽然这种改变并没有对人类社会整体的运行产生实质性的影响，但也造成了一些社会问题，并给人们的思维习惯、社会活动带来了深刻的影响。

另外，利用网络发展起来的新媒体，并不只是对传统媒体的复制和模仿，而是在新技术上衍生出了搜索引擎、微博、微信、游戏、音乐等新媒体休闲娱乐与社交沟通工具，并且这些新的休闲娱乐和社交沟通工具有着十分可观的经济附加值，为人类社会生活带来了极大的便利。但是新媒体作为一种新型的媒介形态，尚未形成系统的理论体系，这就需要研究者在研究新媒体时，从其他学科视角，进行全方位、多方面的研究。

新媒体技术处于一个动态发展过程中，对于新媒体广义的理解还存在着一些争议，目前学术界尚未形成统一的论断，广义的新媒体不仅利用网络作为发展的基础，并且根据传播主客体之间的相互作用，新媒体还具有多媒体性、交互性、虚拟性、广泛性、个性化等特征，这些特征所引发的网络舆论、意识观点的碰撞，给社会发展带来了直接的变革。

二、新媒体的特征

前文从狭义与广义两个角度，详细地论述了新媒体的概念，并指出新媒体所具有的多媒体性、交互性、虚拟性、广泛性、个性化等特征。与传统的广播、电视、报纸等媒介形态相比，新媒体的出现使大众传播方式产生了质的改变。信息传播不再是一对多，而是多对多的传播，下面笔者将对新媒体的特征进行全面论述。

（一）多媒体性

与传统媒体不同，新媒体的功能更加强大，它不仅可以将多种媒介形式整合到一起，而且可以对传统媒体如报纸、广播、电视等进行数字化，这使得新媒体的内容资源极其丰富，而且新媒体平台可以便捷地对各种资源实现组织和管理。除此之外，在不同媒介形态的融合过程中，不同的信息、资源、品牌、影响力不断交叉合作，这使新媒体的功能更加强大。例如，目前使用较为广泛的微信，起初它只是一种社交沟通工具，如今已经发展成为一种集合文字、语音、图像、视频等多种媒体形态的综合体。

可以从两个方面对多媒体的特征进行理解：一方面，从多媒体产生的机制上看，它是在计算机网络技术的推动下产生的；另一方面，从多媒体传播的影响上看，大众传播已不再是单一媒介传播，而是多种媒介相互融合的产物，因此大众传播也可被称为融合传播。

（二）交互性

通俗来讲，交互性是指人们可以通过新的媒介形态，实现非面对面的交流。在传统媒体时代，受众只能被动地接受信息，无法发表自己的意见和看法，但在新媒体传播形态下，受众可以自由地对他们获得的信息进行评价，并且也可以主动地发布各种信息。虽然交互性在传统大众传播中也存在，如面对面的谈话，但这种传播交流的方式过程缓慢、效率不高。而新媒体传播的交互性非常强大，由于计算机、智能手机、互联网等数字终端和网络技术的进步，媒体操作、处理、运算的性能得到了加强，使得人们信息传递呈现出即时性、海量化的特征，如QQ 聊天、微博、微信朋友圈等众多新媒体平台如雨后春笋般出现。

新媒体的交互性是由于网络信息发布低门槛和信息传播灵活多样的结果，在互动的环境中，对信息内容的选择、看法和观点，已经不再是信息的发布者所能控制，信息参与者主动性的增强，信息发布者身份的弱化，充分调动了广大新媒体受众的参与性与积极性，使新媒体交流的人际互动方式也变得活跃起来，这也正是新媒体深受欢迎的直接原因。交互性还将现实社会环境中的舆论传播转移至网络平台，使人人都能参与对社会问题的讨论，对培养公民的主人翁意识和社会责任意识具有极大的帮助。

（三）虚拟性

除了多媒体性和交互性之外，虚拟性是新媒体不同于传统媒体的另一个特征，在传统媒体时代，信息只能通过报纸、广播、电视等渠道被发送出去，并且信息发布者和传播者通常会在发布信息时附上自己的姓名或所属的单位和公司，因此，其他人可以轻易地追查到该信息是哪个人、哪个单位所发布的，但随着网络的迅速发展，网络 IP 协议使所有人都可以隐身于屏幕背后，一方面，信息发布者可以不使用现实社会的真实信息在网络上发布信息；另一方面，网络渠道的复杂多样，会使人难以确定具体的信息发布者，这就使得新媒体具备了虚拟性。

可以看出，虽然新媒体为人们提供了一个便利的信息发布平台和社交平台，但也造成了一些消极的影响。例如，虚假信息的传播；网络谣言、网络暴力对人们精神与心理的伤害。随着时代的不断发展，现实社会中各种道德、伦理观念的冲突、碰撞和讨论已经聚集在网络平台上，并极易迅速传播，反作用于现实社会中人们的行为活动。对于高校学生教育管理工作而言，如何利用网络空间和新媒体工具，正确地引导高校学生积极、健康地学习和生活，已成为高校教育管理者重点思考的问题。

（四）广泛性

经济全球化的快速发展，使各国之间经济和贸易往来变得更加频繁，网络的发展，使全世界真正成了麦克卢汉（McLuhan）所预测的“地球村”。相对于传统媒体，新媒体包容广泛，它不仅打破了传统媒体所营造的信息传播壁垒，而且还逐渐使不同国家、种族、产业之间信息交流与传播的界限越加模糊。人们只要通过网络这一渠道，就可以获得各种各样的信息，并且由于网络传播的瞬时性、即时性、广泛性等，人们传播信息的速度加快了，随之而来的是网络受众自主意识的增强，常常会选择自己感兴趣的内容，但对于正处于人生重要学习阶段的高校学生来说，他们的自控能力还较为薄弱，对事物正确与否的辨别能力还有待提高，这就需要高校学生教育管理者起到正确引导的作用，避免高校学生群体沉迷于网络，以致误入歧途。

由于新媒体的信息传播是一种碎片化的传播，因此在传播信息的过程中，新媒体会对社会文化进行消解和重构，新媒体的出现使媒介生态结构发生了改变，进而会引起人类社会生活和人类社会结构的变化，在新媒体逐渐形成的过程中，蕴含了鲜明的后现代性，同时这种后现代性对文化起到了一定的消解作用。微博、微信的“微传播”方式使文本被拆解、嫁接，完整的文本意义可以被反复加工和重新解读，这使得新媒体文本传递的本意被消解，如媒体未能客观再现事实本身，不仅会造成事实本身和再现事件的裂变，而且会增加其负面影响。

新媒体在给高校学生的日常学习带来诸多便利的同时，也给高校教育管理工作带来了一些挑战，成为当前高校教育环节中一个不可回避的现实问题，高校学生的意识形态建构和道德成长在新媒体的冲击下面临被消解和重构的新情况。在新媒体时代，一对多的传播方式逐渐被多对多的传播方式取代，每个人都可以自由地扮演信息传播者和信息加工者的角色，新媒体传播的信息被赋予了信息加工者的个人色彩和个人偏好，网络舆论领袖的出现，也使网络受众辨别信息的能力在一定程度上被弱化，社会文化被消解重构的同时，受众的个性化的需求却逐渐发展起来。

（五）个性化

随着社会的不断发展，受众的需求呈现出多元化和个性化的特点，新媒体作为一种传播的工具，其核心是信息的共享和交流。新媒体环境破除了以往人们沟通交流的阻碍，使人们交流与传递信息不再局限于时间和空间的限制。在过去，媒介形态只是人们被动获取信息、了解世界的窗口，但在新媒体所营造的网络环境下，人们不再满足于通过媒介形态获取信息，根据职业、个性、文化水平的不同，人们对于新媒体提出了个性化的需求，如沟通交流、休闲娱乐等，这就使得新媒体为满足不同兴趣爱好的受众，呈现出个性化的发展特征。

在新媒体传播中，随着云计算和大数据技术的发展，受众只需通过鼠标或手指轻轻一点，便可以在网络空间中迅速获取自己所需要的信息，并且处于网络技术平台背后的网络运营者，可以根据受众的使用习惯、访问网页的内容，对受众进行个性化信息推送，极大地节约了受众的时间，提高了受众在广阔的信息海洋中抓取关键信息的效率。此外，各种社交软件的出现，如微博、微信、论坛等，使得人人都拥有了“麦克风”，每个人都有可能成为新媒体的信息中心。

三、新媒体与传统媒体的差异

（一）新媒体与传统媒体的对比

新媒体之所以为“新”，是由于它与传统媒体具有的显著区别，无论是新媒体还是传统媒体，其基本功能属性都是为了拉近人与人之间的距离，使信息传递高效且便捷。因此，笔者将从传播的角度，细分传统媒体与新媒体的区别。

1. 传播形式比较

根据技术的发展，传播学中将信息传播的媒介形态发展分为报纸、广播、电视。近些年，由于网络技术的迅猛发展，涌现出了诸多新型的媒介形态，于是学者便将报纸、广播、电视等称为传统媒体，将以网络技术为代表的计算机终端、智能手机终端等称为新媒体。传统的大众传播形式是利用电磁原理，通过对卫星传递出的信号进行编码和解码的方式，向受众传递声音、图像、视频等内容。

(1) 传统媒体

从新媒体产生的宏观背景上分析，无论是传统媒体还是新媒体，都是一定时代社会经济、科技发展的产物，因此都具有一定的时代局限性。传统媒体与新媒体相比呈现出了一定的劣势。下面笔者以报纸媒体、广播媒体、电视媒体三大媒介形态为例，对传统媒体进行探讨。

①报纸媒体。随着造纸术和印刷术的发明，报纸媒体便应运而生。早在13、

14世纪的大航海时代，报纸最初的形态是航海商人之间传递的“小道消息”，随后发展为商品贸易中不同地区人们交换信息的工具。直至第一次工业革命时期，蒸汽机的发明和应用使得报纸的广泛传播成了可能。

随着近代社会科技的不断发展和进步，报纸从过去只在工商业、贵族之间流传，逐渐发展成为一种大众化的信息传播形态，并且形成了其独特的信息传播特点。如为了使读者阅读和携带方便，报纸的版面十分有限，一份报纸的内容往往只能涵盖部分地区发生的部分新闻事件，而且由于欧美等国的报纸机构和集团大多是以营利为主的私人企业，为了追求利润和收益，经常会刊登一些不良信息，对读者和他人带来了一定程度的消极影响。

除此之外，报纸的更新速度需要以天或者月来计算，其采编、印刷等流程烦琐而复杂，这些极大地影响了报纸发布信息的速度，并且报纸的发行范围只能在当地一定区域。因此，与新媒体相比，报纸媒体已不能满足人们对于信息的需求，而且由于报纸传递信息的时效性和丰富性完全落后于新媒体，其发行的数量和范围也无法与新媒体相提并论，导致报纸媒体如今正处于较为没落的状态。

②广播媒体。广播媒体是在第二次工业革命之后科技发明的产物，电话和留声机的发明、电缆的制造铺设，使得声音远距离传输成为可能。但广播媒体也具有一些缺陷，即声音传播稍纵即逝、不易保存、易受到干扰、保真性差，并且广播媒体传播信息需要铺设电缆，成本较高，与后来的电视相比，广播只能传播声音，无法传播图像，传播形式比较单一。

③电视媒体。电视利用了人眼的视觉残留效应，让一帧帧渐变的静止图像，变成了视觉上的活动图像。虽然电视结合了声音、图像、文字等多种媒介形式传递信息和内容，但还是无法与网络媒体相比，一方面，电视媒体的节目内容和种类十分有限，仍然需要漫长而烦琐的制作周期；另一方面，对于受众来说，电视媒体仍然是被动地接受信息，无法与他人进行交流和互动，并且电视频道也受到地域的限制，如目前电视基本只能收到国内主要的电视节目频道，而且电视媒体和广播媒体一样，也是单向线性的传播方式，无法被保存。

（2）新媒体

在探讨传统媒体与新媒体传播方式和特点的不同之后，不难发现，新旧媒体虽然出现的时间有先后差别，技术层面也有高低差别，但对于新媒体的研究，强调的是新媒体对人们思想理念的革新。因此，研究者除了从技术层面研究新旧媒体的区别之外，还可以从人类的社会活动和行为习惯等方面，将新媒体具体划分为以下三种形式：

①网络媒体。20 世纪 60 年代，人们为了处理复杂、庞大的数字，开始研究一种数字处理工具，这种工具就是计算机的前身。20 世纪 90 年代，网络的发展使基于计算机技术的网络媒体真正开始在全球范围内流行开来。自从进入新世纪以来，互联网的发展日新月异，并逐渐成为继报纸、广播、电视之后，传播形态的主流工具。虽然互联网诞生的时间早，但目前学界仍然把其称作新媒体，主要还是因为网络媒体带来了其他媒体无法比拟的社会变革。

对新媒体特征的研究和归纳，实质上也是对互联网传播特点的归纳和总结。新媒体的产生和发展是建立在互联网技术基础之上的，目前对人们社会交往、信息获取、休闲娱乐影响较大的新媒体媒介形态和工具包括各种搜索引擎、电子邮箱、论坛、社交工具、网络广播和视频等，其中影响范围最大的仍是社交工具——QQ、微信和微博。

在远古时代，人们通过群居生活抵御自然灾害和野兽的伤害，群居生活成为人类社会主要的生活状态，社会交往和交流也因这样的生活状态变得日益密切。作为社会群体的一员，绝大部分人都渴望与他人进行交流，但由于地域环境的分割，人与人之间的距离十分遥远，因此，社交工具成了现代人实现即时沟通交流的主要方式。

从 1999 年的 QQ 到 2009 年的微博，直至如今的微信，每一次社交工具的诞生和变革，都给人类的生产生活方式带来了翻天覆地的变化。从社交工具的内容上看，这三种社交工具都具有即时聊天，发布文字、图片、视频，并具有转发、评论和分享等功能。随着社交工具的用户人数逐渐增加，它的影响和辐射范围正在不断扩大。

②智能手机媒体。随着计算机软硬件集成化程度越来越高和智能手机的发展，网络与智能手机移动终端的融合性越来越高。使得智能手机移动终端从原先的即时通信工具逐渐发展成为现如今的微型计算机，凡是计算机终端所能解决的问题，在智能手机移动终端上也都能够解决，并且智能手机移动终端所具有的便捷性、移动性、功能性等特点，计算机终端甚至都无法企及。从智能手机移动终端的功能上看，传统手机只有即时通话、短信发送等基本功能属性，现阶段智能手机移动终端则已经拥有上网、浏览网页、玩游戏、看视频、聊天、听音乐等多种功能集于一体的综合属性。从智能手机移动终端的传播特点上看，毋庸置疑，它已经具有数字化、交互性、互联化、非线性化等新媒体基本特征。移动通信技术从 2G 发展到如今 5G，智能手机移动终端改变的不仅是手机的性能，而且提高了

手机的上网速度，满足了人们日常工作、生活、学习的需要，并且手机集合了文字、声音、图像、视频等多种媒体处理方式，还具有移动性、便捷性、场景化等特征，这让现代人更喜欢使用智能手机移动终端上网。

如今，智能手机移动终端已经成为第三次科技革命的“风口”，它不仅给人们生活带来了很多改变，如手机移动支付手段的广泛运用，使得人们的支付方式变得更加方便。互联网行业认为，智能手机移动终端已经成为继报纸、广播、电视和互联网之后，社会未来发展主流的新媒体。智能手机移动终端的普及，也使互联网行业兴旺发达，带来了更多的就业机会，如各种应用程序（APP）的开发、内容付费模式的推行，无不给互联网企业创造出巨大的经济效益。

③数字电视媒体。数字电视，是指从节目摄制、编辑、存储、发射、传输到信号的接收、处理、显示等全过程完全数字化的电视系统。数字电视媒体是在传统卫星电视媒体的基础上发展而来的，结合数字技术之后，电视媒体被注入了新的活力，受到了广大用户的欢迎。数字电视媒体不仅极大地丰富了电视节目的种类，而且电视节目信号更加稳定，还可以与互联网相连，直接利用海量的云计算平台，搜索用户所感兴趣的节目内容。与此同时，用户还可以使用订阅、回看、下载、录播等多种方式，数字电视媒体满足了受众的个性化需求，提高了用户与机器之间的交互性。

除了上文所提到的新媒体之外，在科技的推动下，还涌现出一些与传统媒体形态不同，但又不属于新媒体范畴的媒介形态，如公共交通工具上和电梯里的移动电视视频、楼宇电视视频、巨型LED显示屏等。虽然这些媒体形态与传统媒体形态相比，是一种极大的创新，但其特征与新媒体又有所不同，从这些新的媒介形态特点上来看，它们只是对电视媒体的一种延伸，缺乏交互性，不属于本书所论述的新媒体范围，因此，笔者将不加以详解。

2. 传播手段比较

（1）从传播机制来看

首先，传统媒体传播信息最大的特点是其单向直线的传播方式，即通过纸质或电缆，将信息印刷或输送至受众所拥有的终端，受众不能选择自己所感兴趣的内容，因为这些信息在传递至受众手中之前，需要经过媒体从业人员的筛选，而媒体从业人员在筛选信息的过程中，是带有一定的主观性的，并且由于传统媒体所能承载的信息容量十分有限，所以传统媒体无法满足人们日益增长的、对于文化和信息的需求。从传播学角度来说，这个过程可以被称为议程设置或者“把关人”。正由于传统媒体是一种单向直线的传播方式，这也造成了传统媒体与新媒体显著的区别特点，即缺乏反馈机制。无论是报纸媒体、广播媒体，还是电视媒体，信息内容一旦输送至受众的终端，便无法撤销和收回，而且由于受众是一个个具有独立思想的完整个体，从心理学的角度来说，人类作为一种高级生物，尤其在经过科学系统的知识文化学习之后，他们的头脑中会具有系统的知识体系和结构，并具备一定的思维能力，即一种对客观事物进行评价和表达意见的能力。因此，在传统媒体时代，受众接收完信息之后，虽然具有表达和反馈的动机，但是由于反馈机制较为烦琐，受众的表达需求一直得不到满足。

在新媒体时代，受众可以自由充分地表达自己的想法和观点，而且由于网络传播的特点，它可以使受众传播的信息呈病毒式的蔓延和发散式的传播，即由一个人，在网络空间中向四面八方传播信息。这也给高校教育管理者带来一种启示，在新媒体时代，任何信息和内容都是无法被隐藏和掩盖的，当在高校学生日常管理工作的过程中出现问题时，高校学生教育管理者应该先主动地去解决问题，疏导问题，而不是压制问题，高校教育管理者可以借助新媒体工具，在业余时间里，以朋友的身份，主动地与高校学生群体进行交流，了解高校学生的思想状态，帮助高校学生解决生活过程中的各种难题和困扰，从而起到引导和缓解的作用。

（2）从传播环节来看

传统媒体除了传播方式与新媒体截然不同之外，在传递信息方面还具有一定程度上的劣势，如传统媒体的传播环节十分复杂和烦琐，导致信息传播存在一定的滞后性和延迟性。以报纸媒体为例，一份普通报纸的发行，需要经过记者的采访、编写、审核、排版、印刷、运输等一系列过程，通常是今天的新闻，明天才能见报，当然也不排除一些记者会现场报道突发新闻，广播媒体和电视媒体同样也是如此。

从新闻学的角度来说，新闻信息最大的特点是追求时效性。在新媒体时代，微博、微信被广泛应用使得人人都可以成为“信息源”，往往社会上发生的许多新闻事件和重大信息都率先出现在这些社交网络平台中，这就给传统媒体带来了巨大的挑战，由于传统媒体的时效性较弱，从而降低了传统媒体的竞争力。除此之外，由于许多网友对某个新闻事件倾注了关注和讨论，从而引发了网络讨论的热潮，形成舆论场所，间接地左右了现实社会中事件发生的方向。

（3）从传播准入门槛来看

传统媒体虽然是一种大众传播载体，但其匿名性极其薄弱，违背道德标准、社会主义核心价值观、破坏民族团结、煽动性的言论会被直接消除，并且公众可以轻易调查出利用传统媒体发布信息的信息传播者。但在新媒体环境中，网络平台具有的虚拟性特征，使新媒体几乎可以被用于发布任何信息，由于不同的用户只需要一个虚拟的账号 ID，社会普通大众没有使用专业的技术手段进行调查的能力，就无法知晓这个虚拟账号背后信息传播者的真实身份，这就导致了网络的信息环境相对而言比较复杂的情况。

3. 传播内容比较

（1）从传播内容的权威性来看

新媒体发展至今，也不过只有十几年的发展过程。而传统媒体，如报纸从诞生到走向没落，耗时上百年，这使得传统媒体无论是从信息内容的制作还是发行，都已经形成完整、系统的体系和流程，它所具有的权威、严谨等优势，是新媒体难以比拟的

《人民日报》《南方周末》等经过数十年的发展过程，在广大群众中具有了良好的口碑，其发布的信息不仅能够把握时代的脉搏，紧跟当下的趋势，而且能以群众喜闻乐见的方式，制造出具有权威性和真实性的信息内容。

在新闻学中，新闻信息除了追求时效性之外，还应追求真实性，但在新媒体的发展过程中，由于新媒体使用的低门槛、匿名性等特点，导致其受众良莠不齐，并且还有一些不法分子可能利用网络传播一些不良和虚假信息。

（2）从信息的容量来看

由于传统媒体经过了几十年甚至几百年的发展历程，已经形成了一种规范化、标准化的信息内容排版和发布方式。而且在报纸版面设计和内容排版的过程中，其文字、图片、标题、字体、字号都有十分严格的规定，久而久之就会让用户产生厌倦感和单一感，并且传统媒体的某个形态即载体十分有限，导致了载体所能够承载的信息内容也十分有限。

但在新媒体传播的过程中，网络完全不需要担心信息承载过量，而且网络发布信息内容的方式多种多样，没有严格的标准，可以是几个字、一段话、一个标题、一张图片、一段视频，只要能引起受众的兴趣和关注度，都可以迅速成为网络热点。

（3）从传播内容的差异来看

传统媒体与新媒体在传播内容的保真性上也具有十分明显的区别。以我国传

统媒体发展为例，在报纸媒体、广播媒体、电视媒体传播信息通常是由国家主导，符合国家的意识形态，受外界影响较少；而西方则是完全由市场主导，其内容要把追求经济效益作为首要目标，易受到政治团体、企业个人的影响和主导。

同时，由于传统媒体不易受到外界的干扰，因此，它们在传递信息的过程中能够完整地保存信息内容的原貌，不易偏颇。但在新媒体时代，每个人都可以自由地发布信息，而且一条普通的新闻或者信息，经过多人的转发、评论、解读可能会在传播的过程中被曲解，最终甚至有可能成为无中生有，甚至恶意中伤的谣言。

随着新媒体的不断发展，使得具有共同兴趣爱好的受众逐渐聚集在一起，社群文化逐渐形成，如早期的豆瓣、百度贴吧等，其受众会在因共同兴趣组成的社群空间中发布自己的看法和观点，而且还会营造独特的社群文化，形成社群组织，社群组织成员之间相互交流，使得信息的传播范围更加广泛。

微博、微信出现之后，受众不再仅仅满足于加入同一个社群组织，而是共同关注所感兴趣的微博大 V 或者微信公众号，并且自己成为某一网络社群组织的引领者，引导着社群组织的话语权和舆论走向。他们通过自己编写的内容，吸引到了一大批忠实的粉丝，并创造具有特色的网络文化圈。

4. 传播效果比较

（1）从传播互动程度来看

新媒体出现以后，传统媒体的信息垄断地位被彻底打破，民间舆论场逐渐形成，并且在重大事件发生时和政策推行的过程中，民间舆论场起到了至关重要的作用。

除此之外，也有许多社会精英人士活动在民间舆论场中，包括经济、科学、文化等社会各行各业的专家学者、社会名人，借助新媒体渠道，他们可以随时发表自己的观点看法，这或有可能对社会发展的方向起到一定的正确引导作用。并且社会公众通过运用新媒体，也可以更好地监督政府部门的工作，有助于国家健康有序的发展。

（2）从受众对新媒体与传统媒体的参与程度来看

判断受众对媒体信息影响程度的一个重要标准，是受众对媒体的使用频率与参与度。通过研究发现，目前绝大部分家庭基本已经告别了报纸和广播，乃至电视，智能手机和平板电脑成为人们获取信息日常休闲与娱乐的主要工具，而且许多用户都有在网络上发表对某一事件看法的欲望。

在公共场所中，可以发现无论是在地铁公交还是在公园商场，有许许多多“低头族”，他们都在聚精会神地玩着自己的手机，聊天、刷微博微信、玩游戏、听音乐、看视频，甚至朋友之间聚会也是各自玩着手机。由此不难看出，新媒体带给人们的影响是如此之大，受众对新媒体的积极性和热情是如此之高，这就与传统媒体时代受众较低的媒体参与度形成鲜明的对比。

（3）从受众对媒体的需要程度来看

虽然新媒体呈现出极大的活力，吸引了大批受众，而传统媒体则日趋没落，但一种新媒介形态的出现，并不意味着旧的媒介形态的消亡。传统媒体仍然有其存在的价值和意义。

首先，受众对于选择媒介形态具有一定的主观能动性，受众更乐意通过传统媒体获得与重大事件相关的信息，通过新媒体获取休闲娱乐信息。

其次，就信息内容的传播效果上来看，新媒体传递信息主要呈现出休闲娱乐信息碎片化的特点，传播的信息内容短小精悍，注重标题的醒目，而传统媒体则内容翔实、清晰准确地概括事物的来龙去脉。因此，新媒体的传播效果是快餐化的，真正能让受众记住的实质性内容并不多，而传统媒体深入浅出的叙事风格，则能加深用户对事件的印象，

最后，在新媒体传播的过程中，受众也极易受到他人的影响，尤其是来自社会名人和来自身边亲朋好友的影响。在传播学中，有一个意见领袖的概念，即在社会当中具有一定影响力和公信力的人，当他们发表对某件事物的看法和观点时，能够引起他人的赞同和认可。而且在新媒体传播的过程中，受众也容易盲目从众，即社会大多数人的观点，会影响到少数不赞同此观点的人，进而让他们转变观念、认同大多数人的观点。

5. 传播管理比较

从我国传统媒体的属性上来看，我国的传统媒体起到了对内宣传方针政策，对外展现综合国力的重要作用，因此，我国的传统媒体在管理上趋于谨慎内敛。而新媒体则大都起源于私人企业，它们以追求经济效益、获取点击率和流量为根本目标，因此在传播管理中容易产生无序化等问题。

（二）新媒体与传统媒体比较的启示

新媒体与传统媒体相互交融、相互影响的过程，也给高校学生教育管理活动带来了许多变化，改变着高校教育管理者的思维习惯和教育管理方式，主要体现在以下几个层面：

1. 新媒体是一种势不可挡的新技术革命浪潮

新媒体的产生和发展，是一种技术革命，它是对传统传播技术的革新和进步，同时为人们的生活带来了极大的便利。

第一，从长远的角度来说，它改善了人们获取信息的方式，使得知识文化信息不再集中于上层社会，普通民众也可以获取一定的知识文化信息，对于未获得过系统文化教育的人们来说，这可以在一定程度提高他们的知识文化水平。

第二，从技术的角度来说，新媒体可以使人们之间信息的传递更加便捷，并且新媒体工具可以被用来为社会生产和工作服务，这大大缩短了人们的工作时间，提高了人们的工作效率。

第三，从经济的角度来说，新媒体的诞生，离不开一批具有创新思维、知识文化水平高的技术型人才的推动，并且在互联网技术的推动下，新媒体行业也衍生出许多新兴的工作岗位，如新媒体广告策划、设计、运营等。

第四，从公民政治的角度来说，新媒体为普通社会大众参与公共事务管理，创造了极为有利的条件，可以对一个国家的政治生态发展、大政方针政策的制定、公职人员的监督，起到十分重要的作用。

第五，从哲学的角度来说，任何新生事物在发展的过程中总是曲折上升的，新媒体的发展也是同样如此，并且新媒体的发展已经展现出了强大的生机和活力。

通过以上分析可以发现，新媒体并不是从传统媒体中演化而来，而是技术和传播理念上创新的结果。因此，在高校学生教育管理工作过程中，高校学生教育管理工作者也应该顺应新媒体的发展潮流，并利用其优势，更好地指导高校学生管理工作。

2. 新媒体并不意味着传统媒体的灭亡

在电视媒体产生之后，许多人悲观地认为报纸媒体与广播媒体正逐渐消亡，互联网等新媒体产生后，也有人认为它将取代电视、报纸、广播，但事实证明，新媒体的产生并不意味着传统媒体消亡，而是形成了新媒体与传统媒体相互融合的局面，达到一种“我中有你，你中有我”的状态。

因为传统媒体具有规范、标准的信息生产方式，成熟完整的管理体系，这反而使得传统媒体在运营发展的过程中，较新媒体更为稳定和可靠。另外，对于老一辈的受众来说，由于他们所处的特殊时代，已经养成了接收传统媒体信息的习惯，并且传统媒体所具有的权威性和真实性，使其仍然拥有一批忠实而广泛的受众。

3．新媒体与传统媒体相互融合是发展趋势

虽然新媒体在发展过程中呈现出了巨大的优势，但传统媒体管理者和运营者也在积极探索传统媒体的发展之路。从实践的角度来看，无论是传统媒体还是新媒体，在其发展的过程中都显示出各自的优缺点。例如，虽然报纸媒体已经日渐没落，但通过与数字技术的结合，它依然能活跃在受众的视野当中。这就有力地证明了一种新媒体的产生，并不意味着旧媒体的消亡，传统媒体也可以借助新媒体的优势，重新焕发出“活力”。

由此可以看出，两种媒体形式的产生和发展，并不是处于完全对立的关系，二者之间反而通过取长补短，实现了优势互补，相互融合，在传播形态和方式上进行共同创新，深化合作，可以取得更加可观的经济效益，也更能为社会和人民带来便利。

4．高校应引导新媒体发挥较好的服务作用

互联网技术的发展，使得新媒体成为人们日常学习工作中重要的信息交流工具，但新媒体在给人们生活带来便利的同时，也带来了一系列的社会问题，但由于信息网络传播的匿名性和隐蔽性，一些利用网络进行违法行为的犯罪分子难以管理，使得新媒体发展也面临着一些问题。

从个人的角度来说，科技是一把双刃剑，科技本身没有正确与错误之分，关键是与其使用者的个人道德思想品质有密切关系。从新媒体发展的趋势来看，新媒体带给人们的好处远远大于其缺点，因此，无论是政府管理者，还是普通民众，一定要认识到新媒体的价值和功能。同时，需要政府发挥干预和管理职能，通过制定严格、系统的监督和管理法律体系，使新媒体行业有法可依。

同时，要发挥政府的舆论引导功能，政府应加强对普通民众思想政治的教育和宣传，充分扮演好舆论领袖和“把关人”的角色，社会公众也可以发挥舆论监督的功能，只有多方面协调配合，共同管理，才能构建出一个和谐稳定的网络环境。

对于高校学生教育管理工作来说，校园既是一个小型的社会环境，也是一个完整的网络环境，高校教师和教育管理人员，也需要充分发挥自身的管理职能，制订科学的规章制度，规范高校学生网络行为，使当代高校学生能够正确、合理使用新媒体工具。当代高校学生是一批充满活力、激情和热血的群体，充满干劲但缺乏是非辨别能力，因此，高校教育管理工作需要充分发挥新媒体的服务功能。

第二节　高校学生管理概述

一、高校学生管理的内涵与作用

（一）高校学生管理的内涵

1. 管理

在人类历史上很早就已经出现了“管理”这一概念。作为一种社会现象，凡是有许多人一起共同劳动、学习、生活的地方就需要管理，这是因为管理是社会组织为了实现预期的目标，以人为中心进行的协调活动。这就使得管理活动成为人类活动的一个重要方面，并且普遍存在于由人组成的各种组织中。

现在各种关于“管理”概念的阐述异常丰富，不同的学者对管理的概念有着不同的理解。有学者认为，管理就是为处于团体中的人们设立一个有效的目标，从而实现效率的最大化，达成最终的目标。有学者认为，管理就是对组织中各分系统进行协调，使其与所处的环境相适应的一种活动；还有学者认为，管理的过程实际上就是决策的过程。对于“管理”这一概念，马克思也曾做过深刻的论述，他认为，一切规模较大的直接社会劳动或共同劳动，都或多或少地需要指挥，一个单独的提琴手是自己指挥自己，一个乐队就需要一个乐队指挥[①]。马克思的观点有四个含义：第一，管理是集体合作劳动的共同需要；第二，管理是执行生产的总体运动所产生的各种职能；第三，管理的主要职能是指挥和协调他人的活动以取得成效；第四，管理的目的是取得比各个部分运动之和更大的效益。

2. 学生管理

现在很多的论文和文献中都有使用学生管理这一概念，但是关于学生管理的定义目前还没有一个权威的说明和描述。国内几部专业的高等教育管理著作中也没有对学生管理进行系统描述。大量关于学生管理的学术文献和期刊资料中，有学者认为学生管理是对学生采取的有针对、有计划和目的、有组织的一系列教育管理活动，内容包括学生的生活、学习、思想、品德、素养等。

一般认为，学生管理是对教学管理的延伸，它主要包括对学生的学籍管理、报到入学与学生身份注册、成绩考核与记录的办法、学籍异动、学生考勤与在校

① 施九青．社会管理体制中的党政关系[M]．济南：山东大学出版社，1987：28.

纪律管理、在校期间的奖励与处分、毕业生相关材料发放等各项工作。学生管理有广义和狭义之分。从广义角度看学生管理，就是我们平时说的学生工作，主要内容有学生的思想政治教育、日常行为管理、学生成长管理、学生工作管理等。从狭义的角度看学生管理，更注重对学生事务的管理，这主要是对学生日常事务的管理，如班级建设与管理、新生入学管理、安全指导与管理、学生的职业规划管理等。在20世纪80年代后期，我国的高等院校大多都专门设置了负责学生管理的具体部门，所以之前提到的学生管理中的招生、学生在校的考勤和思想教育、学生奖惩工作、毕业生就业工作和原来属于后勤部门管理的与学生生活息息相关的宿舍管理等事务，都陆续归并到学生管理部门（或称为学生处）的工作与职责范围内。20世纪90年代初，国家教育委员会制定的《普通高等学校学生管理规定》指出，其中所说的学生管理，是指对学生入学到毕业在校这段时期的管理，是对高等院校学生学习、生活、行为的规范①。

学生管理要求学校能够进一步规范管理行为，加强全面教育管理，不断创新管理手段和方法，提高管理质量和水平，进而更好地促进学生的健康成才。

学生管理工作不是一项单一的工作，它是一项全面的系统工程。简单地说，它是以学生的思想政治教育为主导，以学生学习培养为核心，以学生学风班风建设为重点，以党建工作为主线带动各项工作发展的系统工程。

3. 高校学生管理

高校学生管理是高等院校管理工作中不可或缺的组成部分，是指在特定的思想理论指导下，高校经过长期实践并逐步形成的、开展各项学生工作的操作方法和思维模式。有学者将高校学生管理的基本含义界定为通过学术以外的课外活动或者其他非学术事务管理活动，对学生进行引导性教育教学，丰富校园生活的一种组织活动形式。有学者、专家认为，高校学生管理工作是指高校对于学生在校期间的校内外活动和学习进行规范协调、规划、组织和管理的总称，它是由高校学生教育管理工作者组织指导学生，按照各个院校自定的标准，进行有计划、有组织、有目的的学生思想教育、日常生活管理以及师生服务等工作，最终使学生能够在德、智、体、美等全方面发展。

具体来说，目前的高校学生管理包括思想政治教育管理、学籍管理、奖惩管理、家庭困难学生管理、勤工助学管理、助学贷款管理、就业指导、心理咨询等。高校对学生的各项管理都需要按照国家既定的方针与政策执行，同时，还必须符

① 《中国法律年鉴》编辑部．中国法律年鉴（1991）[M]. 中国法律年鉴社，1991.

合教育和发展的客观规律，将学生的成长与发展作为学生管理工作的核心，一切工作都要为学生的全面发展服务，为国家培养高素质的人才。

随着高等教育的发展与改革，高校学生管理的内涵越来越丰富，因此在这一领域的研究上，需要关注的内容也十分广泛，既包括作为管理对象的高校学生的生理与心理特征、知识与能力结构以及社会因素对其成长的影响等；也包括对管理者的思想、知识、能力等方面的素质的培养以及高校学生管理队伍的建设；还包括对高校学生管理的原则、机制等科学理论的研究以及对高校学生教育管理工作的具体方法等的研究。

高校学生管理是高等院校管理的一个重要组成部分，也是高等院校人才培养工作的一个重要环节。因此，高校学生管理既具有管理的一般本质，又有其自身的特殊本质，这些特殊本质表现如下：

第一，高校学生管理是在高校这一特定的社会组织中进行的，任何管理活动总是在一定的社会组织中进行的。实际上，管理活动就是根源于社会组织中协调组织成员的相互关系和个人活动的必要性。高等院校是系统培养专门人才的社会组织，对高校学生的教育和培养是其首要的和基本的任务，高校学生管理也就是高等院校为实现这一任务而进行的特殊的管理活动。

第二，高校学生管理的目的是实现高等院校的人才培养目标，促进高校学生的全面发展。管理总是有一定目的的，管理的目的就是要实现一定社会组织的某种预定目标，世界上既不存在无目标的管理，也不可能实现无管理的目标。高校学生管理作为高等院校人才培养工作的一个重要环节，其目的就是要实现高等院校在人才培养方面的预定目标，促进高校学生的全面发展，使之成为德智体全面发展、富有创新精神和实践能力的中国特色社会主义事业的建设者和接班人。

第三，高校学生管理的实质是要有效地利用学校的各种资源，为高校学生的成长成才提供指导和服务。高校学生管理的任务是要为高校学生顺利完成学业、健康成长成才提供各个方面的指导和服务，包括对高校学生行为的引导、为家庭经济困难学生提供的资助服务、为毕业生提供的就业服务等。为此，就需要通过科学的决策、计划、组织和控制，有效地利用学校的各种资源，包括人力、物力、财力、时间和信息等。

综上所述，所谓高校学生管理，也就是指高等学校为实现人才培养目标，促进高校学生全面发展，通过决策、计划、组织和控制，有效地利用各种资源，为高校学生成长成才提供各种指导和服务的社会活动过程。

（二）高校学生管理的作用

无论对什么样的学校来说，学生都是其中的绝对主体，因此任何和学生相关的事情都是学校必须予以高度重视的。而高校作为学生经历的各个教育场所中层次最高的，其中的学生年龄最大且自主性最强，因此需要学校的领导者和教育管理者运用合适的方法对其进行管理，以尽可能让学生在学习和生活中找到平衡，让学生在校园中体会到自己在社会中的定位，高校学生管理的作用具体表现在以下两点：

1. 高校学生管理对高校学生能力的培养

高校是人才培养的重要场所，这就决定了高校的各项工作都必须围绕着人才培养来展开。因此，在开展高校学生教育管理工作时，要确保其具有培养、增强高校学生能力的积极作用。例如，在开展高校学生管理工作时，高校可以通过引导学生参与社会实践活动，来促进其社会实践和社会活动能力的提升。

2. 高校学生管理对高等教育改革的推动

自改革开放以来，我国高等教育事业获得了巨大发展，培养出无数优秀的合格人才。但是，由于受到多种原因的影响，高等教育与社会主义事业的发展仍在一定程度上存在脱节现象，这就决定了在高等教育的发展过程中，必须立足于我国的实际情况，积极对高等教育的思想、内容、方法以及学生管理工作等进行改革。事实上，有效的高校学生管理及其改革，能在很大程度上促进高等教育改革的深化。

二、高校学生管理的内容与方法

（一）高校学生管理的内容

高校学生管理是高校对学生从入学到毕业在校阶段的管理，涉及的内容很多，主要涉及以下几点：

1. 德育管理

高校在开展学生管理工作时，德育管理是一项十分重要的内容。所谓高校学生的德育管理，就是高校教育管理工作者根据高校学生的身心发展特点和品德形成规律，有目的、有计划、有组织地把一定的思想和道理转化为高校学生个体的思想品德的过程。也就是说，高校教育管理工作者在开展学生管理工作时，要注意与德育相结合。

2．学习管理

高校学生的学习管理，就是高校教育管理工作者按照一定的专业教育标准，有目的、有计划地对高校学生进行专业教育，使其最终成长为具有丰富、系统的专业知识与技能的合格人才。具体来说，以下三个层面的学生教育管理工作是高校教育管理工作者必须去做的：

其一，对学生的学习能力和知识掌握的管理；其二，对学生的其他能力和技能掌握的管理；其三，对学生的智力发展和生活自主的管理。

3．学籍管理

高校学生的学籍管理，指的是对高校学生（通过合法渠道获得该学校的入学与学习资格的学生）在校园内的一系列会对学业、毕业情况造成影响的行为与事件的管理，其中包括对学生在考试中取得的成绩的记录、学生在经历一个学期的学习后的升级或留级或降级情况的了解和记录、学生由于在校内或者校外的行为而受到的奖励与处分等，包括学生由于特殊原因而导致的退学、复学以及转学等行为，通过学业资格检测和认证的学生就可以毕业并得到相关证明，反之则需要重修或者成为肄业生。学校在对学生的学籍进行管理的时候不但要符合国家制定的法律法规当中的各种内容，而且要遵循科学性原则、符合教育理念，根据学校一贯的教育方针和教育界最新的教育成果以及每个不同学生的特点，以做到在管理方面符合每个学生的身心发展规律，只有在合适的管理规范与制度下，才能更好地展开高校学生教育管理工作。具体来说，高校学生的学籍管理要做好以下几个工作：

其一，做好大学新生的入学审查。

其二，做好高校学生在学习过程中的成绩管理。这对于了解和掌握教师的教学质量和学生学习情况有很大帮助，如果成绩管理能够帮助高校教师和教育管理工作者在教学过程中找到原有方法的不足之处并且加以改进，那么对提升学生主动学习的能力是很有好处的。

其三，虽然学生在高校学习的目的除了丰富自身的知识储备并提升自身的学习技能与其他能力之外，同样重要的就是获得毕业证明，作为日后工作的敲门砖，高校应尽量保证每个学生都能在经过学习后得到让他们满意的结果，但对于未曾认真学习的学生也不能随意发放毕业证书，否则同样是对其他学生的不公平，在关于学生是否有资格获得毕业证书的审查中，高校学生教育管理工作者应保证严格而不苛刻。

4. 生活管理

在高校学生教育管理工作中，对高校学生生活方面的管理是其中一项十分重要的内容。这不仅会影响高校学生的身心健康发展，还会影响高校实现其人才培养目标。因此，高校必须对学生的生活管理予以足够的重视。

高校学生的生活管理，从内容方面来说应包括对高校学生在校期间的一切生活活动的管理，如饮食管理、起居管理、着装管理、健康管理等。

5. 行为管理

高校学生的行为管理，也是高校学生教育管理的一项重要内容。所谓高校学生的行为管理，就是高校要对学生的日常行为进行指导、监督、检查及纠正，以引导高校学生形成良好的行为习惯。这里需要特别指出的一点是，高校学生教育管理工作者在对高校学生的行为进行管理时，要特别注重引导高校学生形成健康的道德、行为习惯，这对于保证其身心的健康发展具有重要的作用。

6. 体育管理

高校学生要想成长为有用的人才，为社会主义现代化建设做出贡献，要先具有健康的身体。因此，在高校学生教育管理工作中，高校学生的体育管理也是其中一项不可忽视的内容。

所谓高校学生的体育管理，就是高校学生教育管理工作者组织、指导高校学生按照一定的体育锻炼标准进行体育锻炼，在锻炼学生的过程中必须做到有计划性和组织性，任何锻炼行为都要有其目的，只有这样的锻炼才是有效果的，才能做到既不损害学生的其他文化课学习与身体健康，又能逐步加强学生的身体素质，以应对在校紧张的学习和日后工作需要的过程。此外，高校学生的体育管理要想取得良好的成效，应特别注意以下几点：

第一，高校学生的体育管理必须与高校学生的身心特点相符合。

第二，高校学生的体育管理必须与教育规律相符合。

第三，高校学生的体育管理必须与体育管理原则相符合。

第四，高校学生的体育管理要尽可能以最少的投入来获得最佳的体育效益。

7. 课外活动管理

高校学生的课外活动管理涉及两个方面：一方面是高校学生在校内的课外活动管理；另一方面是高校学生在校外的活动管理。在具体开展这一管理活动时，以下几个层面要特别予以注意：

第一，学生的课外活动不能是漫无目的、信马由缰的，而应该是具有目的性和意义性的，高校学生教育管理工作者应当确保学生的课外活动远离低俗、不健康的内容，让学生在放松身心的课外活动中既能消除日常学习带来的疲倦，又能陶冶情操、拓宽眼界。

第二，要确保课外活动能够提高高校学生的思想政治觉悟，为高校学生形成科学的世界观和共产主义道德品质奠定基础。

第三，要确保课外活动能够使高校学生获得较多的人际交往能力，以有效培养高校学生的人际交往能力和适应社会的能力。

第四，要确保课外活动能够有效培养和发展高校学生的兴趣爱好，发挥高校学生的特长。

（二）高校学生管理的系统方法

高校学生管理的系统方法就是高校为实现学生培养目标而在德、智、体及其他方面所采取的具体方式、步骤、途径和手段，较为重要且常用的高校学生管理的系统方法有以下几个：

1. 管理调研

高校学生的管理调研强调的正是对高校学生管理方法进行系统性的研究，这要求高校学生教育管理工作者在对高校学生进行管理的时候要经常性地、全面地、客观地对学生的实际情况进行调查、研究与分析，以便以此为依据，及时采取相应的措施来促使高校学生管理工作取得实效。

高校学生教育管理者在运用调查研究这种方法时，要确保取得良好的成效，必须做好以下几个工作：

第一，在对高校学生进行调查研究时，要对调查对象、调查目的、调查方法等进行科学合理的规划，切不可临时应付，草率从事。

第二，在对高校学生进行调查研究时，应坚持实事求是，切不可被囿于条条框框或是别人的指示、意见等。

第三，在对高校学生进行调查研究时，要切实从马克思主义的立场、观点、方法出发，对调查材料、调查事物进行合理的分析与研究。

2. 管理制度

高校在开展学生教育管理工作时，建立科学有效的规章制度也是一种十分有效的方法，高校在建立规章制度时要注意以下几点：

第一，高校所建立的规章制度应与教育规律和德、智、体培养目标相符。

第二，高校所建立的规章制度应与高校学生的身心发展特点以及发展现实相符合。

第三，高校所建立的规章制度应能够随着高等教育发展的深入以及高校自身发展的实际情况而不断得到丰富与完善。

3. 行政权限管理

对高校学生进行行政权限管理的概念，就是要求高校的学生教育管理工作者在执行高校学生教育管理工作的时候要对其管理的计划、目标、内容制订一系列规章制度、执行措施和高校学生行为规范，用行政方法对高校学生进行教育管理，最终实现对学生的管理要求，对被教育管理的单独的学生或者整个学生集体提出统一的教育管理要求。如果将高校学生的行政权限管理行为落实到具体的工作当中，高校教育管理工作者可以借助以下两种有效的形式对这一工作进行有效落实：

①表扬。

高校在开展学生教育管理工作时，对于那些遵守管理制度、行为符合规范的集体和学生，应适时、适度地给予表扬。

②惩罚。

高校在开展学生教育管理工作时，对于那些违反管理制度、行为不符合规范的集体和个人，应进行一定的惩罚，使其能够认识到自己行为的不足，继而改正自己的不良行为。

（三）高校学生管理的主要方法

高校学生管理方法，是指在管理活动中为实现管理目标、保证管理活动顺利进行所采取的工作方式。管理方法是管理过程中不可或缺的运作工具，它来自管理实践，而又与管理理论的形成有着密切的关系。从某种意义上说，现代管理理论中一个又一个学派的出现，标志着管理方法的一次又一次创新。

高校学生教育管理工作者要科学实施高校学生管理，不仅要系统把握高校学生教育管理的基本理念，还要掌握行之有效的管理方法。高校学生管理方法是复杂多样的，各种方法都有其特殊的作用和特点。全面掌握和正确运用高校学生管理的方法，是提高高校学生管理效率的关键。

1. 刚性管理的方法

所谓刚性管理，是指以规章制度为核心，凭借制度约束、纪律监督、奖惩规则等手段对组织成员进行管理。刚性管理是一种强调严格的控制，采取纵向高度集权的，以规章制度为核心的管理。规章制度往往以规定、条文、标准、纪律、指标等形式出现，强调外在的监督与控制，具有很强的导向性、控制性，其约束力是明确的。没有规矩，不成方圆。任何一个组织机构，它的正常运行和发挥效益都离不开严格的制度和规范。刚性管理是保证一个组织健康、正常运转所必需的管理机制的一个有机组成部分，它是以“合于法”为基本思路的管理方式和手段。

高校学生正处于人生的关键时期，极易受外界环境的影响，其判断能力、自我控制能力也比较差。在自身发展过程中，高校学生容易表现出强烈的自我矛盾倾向。如自我意识虽强，但缺乏自我监督、约束和调控的能力。有自我设计、自我奋斗、自我选择、自我发展的欲望，但是又受到自身素质、能力和社会环境的限制。在如此情形下，对高校学生进行刚性管理不仅是必要的，而且是行之有效的。刚性管理的出发点并不是为了惩罚学生，而是在法理的前提下，正确规范学生、约束学生的行为，进而维护学校秩序，提高高校教育教学质量，提升学生的学习和活动效率，促进学生成长。

刚性管理强调以外在的规范为主，它主要通过各项政策、法令、规章、制度形成有序的行为。让学生的一切行为都有章可循、有据可依，使对学生是非的评价都有统一的标准、统一的尺度。这些有形的东西不仅具有很强的可操作性，能使学生有明确的行动方向，而且可以给学生以安全感和依托感，使学生放心地、充满希望地在制度框架内自由行动。

2．柔性管理的方法

柔性管理是相对于刚性管理提出来的。进入 21 世纪，人类对管理的要求已经不单单停留在严格、规范、科学的层面，而是更强调人与人的相互关怀和相互尊重，旨在不断追求人与人之间的情感互动和心灵共鸣，从而共同实现组织目标。促进人的全面发展的管理活动越来越为人们所接受，于是，柔性管理便应运而生。

高校学生管理亦是如此，它面对的是有思想、有感情、有追求的高校学生，单纯的刚性管理已不能完全解决高校学生管理中面临的许多问题，必须辅之以柔性管理。柔性管理坚持以人为中心，注重人文关怀和心理沟通，强调通过营造和谐的组织文化和共同的价值观，以增强组织的向心力和凝聚力，激发每个成员的积极性、主动性和创造性。柔性管理是对刚性管理的完善和升华，它以刚性管理为基础和前提，旨在使组织焕发生机和活力。如果说刚性管理更多地表现为静态的外显行为，那么柔性管理则更多地表现为动态的内隐心理认同。但对于高校学生管理而言，不管是刚性管理，还是柔性管理，其落脚点都是促进高校学生的成长发展。因而这两种方法在高校学生管理中如同车之两轮、鸟之两翼，是相辅相成的，应该做到共融、共生、共建，实现刚柔相济。

对高校学生教育管理工作者来说，柔性管理的精髓在于以学生为本，注重人文关怀。它强调在尊重学生人格和尊严的基础上，充分发挥学生的积极性、主动性和创新精神，使之在大学的学习、生活、能力培养、品格塑造、校园活动以及社会实践方面变被动为主动，变消极为积极，变他律为自律，促进学生自我管理、自我约束、自我完善，使之成长为适应社会需求的高素质、强能力、富有良好潜质和优秀品格的优秀人才。

实施柔性管理，应该遵循以下几点基本要求：

（1）确立以学生为本的管理理念

学生教育管理工作者在对学生的管理中，必须确立以学生为本的管理理念，将一切为了学生，为了学生的一切，为了一切的学生作为工作的出发点，整个工作要围绕学生的全面发展来展开。为此，必须改革以教育管理工作者和管理制度为中心的传统管理，实现工作方式方法由管理型方式方法向引导服务型方式方法的转变，由说教型方式方法向示范型方式方法的转变，真正体现以学生为本的工作态度。高校学生教育管理工作者要把保障和维护学生的利益放在所有工作的首位，以促进学生全面协调发展为目标，把管理与学生的幸福、自由、尊严、价值目标联系在一起，切实做到在情感上感动学生，在人格上尊重学生，在学习上激励学生，在生活上关心学生，在成才上引导学生。

尽一切力量在学生的学习、生活、实践等方面予以帮助和指导，最大限度地满足每一个学生成长成才的需要。

（2）进行个性化管理

柔性管理的职能之一就是协调，而协调关系只能从个体开始。也就是说高校学生教育管理工作者必须与具体的学生打交道，在打交道中形成共识，建立联系。心理学家在对魅力的研究中发现，人们对于与自己相似的个体容易保持好感，这是相似性吸引使然。因此，高校学生教育管理工作者应该由个体入手进行工作，实施个性化管理，凡事因人、因事、因时、因地而异，充分考虑学生的个性特点、兴趣爱好、个人定位、个人素质和能力、优势劣势以及未来的职业目标等因素，既考虑学生思想动态、心理变化以及需求的共性，又要兼顾学生不同性格特点、兴趣爱好、未来职业选择和职业目标的差异性，有针对性（必要时可以一对一）地对学生进行个性化管理。

（3）发挥校园文化的引领作用

校园文化如同一只无形的手，是一所高校的灵魂之所在，它在塑造高校个性、凝聚广大师生的精神这一方面发挥着巨大作用。健康向上、充满活力且体现时代精神的校园文化对学生价值观的形成、行为的规范、素养的提升具有潜移默化的影响，因此，在柔性管理中，应该发挥校园文化的引领作用，有针对性地将校园文化融于院风、班风、学风的建设之中，甚至融于一切活动中，以此培养高校学生健康向上、积极进取的精神和良好的行为，使之不仅学会做事（掌握知识、提升能力），而且学会做人（养成良好习惯、形成健康人格），使高校学生实现自我完善和不断成长。

（4）建立健全激励机制

没有激励就没有动力，从某种意义上说，对高校学生的管理就是围绕着激励展开的，激励是高校学生自主性、主动性、积极性、创造性和潜力得以持续发挥的动力源泉。从管理学角度看，人的所有行为皆由动机支配，动机又由需要来引发，无论何种行为，其方向都会指向目标，并进而满足需要。基于此，对高校学生的管理也必须从培养全面发展的、适应社会需要的人才出发，从高校学生的具体需要、动机、行为、目标入手，建立健全高校学生激励机制，关注高校学生的思想、情感、心理以及行动，帮助高校学生进行目标管理，指导高校学生进行职业生涯规划，为每个人的个性化发展拓宽空间。创造一种激励高校学生提高素质、强化能力、健全人格、激发创新、追求卓越的文化环境，鼓励学生夯实专业基础、不断提高能力水平、加强思想品德修养，成为有理想、有目标、有追求、有能力的优秀人才。

（5）注重身体力行

彼得·德鲁克（Peter Drucker）在《卓有成效的管理者》一书前言中指出：管理工作在很大程度上是要言传身教的，如果高校学生教育管理工作者不懂得如何在自己的工作中做到卓有成效，就会给其他人树立错误的榜样①。高校学生管理的形式多种多样，如树立典型、学习材料、宣讲规范、个别谈心、反例警示、创造环境等，其中运用最多的是言教，而效果最好的是身教，身教重于言教。正如孔子所说："其身正，不令而行；其身不正，虽令不从。"②

当代高校学生崇尚人格魅力，高校学生教育管理工作者要实现对高校学生的有效管理，必须先赢得高校学生的尊重。而要做到这一点，除了自身德才兼备以外，高校学生教育管理工作者还必须以自己的真诚无私去换取学生的真诚相待，以自己的善良正派去培养学生的善良品德，以自己的务实强干去引导学生注重务

① 德鲁克．卓有成效的管理者（55周年新译本）[M]．辛弘，译．北京：机械工业出版社，2022.

② 才晓予．二十四史掌故辞典[M]．北京：中国发展出版社，1995.

实精神，以自己的纯洁美好去塑造学生的纯洁品性。唯有如此，高校学生教育管理工作者才能以榜样的力量引导学生，以高尚的人格感染学生，以实在的行动带动学生，使之对高校学生教育管理工作者产生强烈的认同感，消除其对抗情绪和逆反心理，促使其真正做到言行一致、知行合一。大量事实证明，高校学生教育管理工作者的身体力行，不仅可以提高管理的实效性，同时还可以降低自己进行重复劳动和无效工作的概率。

3. 民主管理的方法

当前的高校学生教育管理工作中，实施民主管理势在必行。对民主的追求是人的一种高层次追求。民主与人的素质有关，高校学生作为文化素质比较高的一个群体，对民主会有更高、更切实的要求。对高校学生实施民主管理，不仅有助于高校学生学习、生活和社会实践活动的有效进行，也有利于高校学生实现自身的全面发展。实施民主管理，应着力做到以下几点：

（1）尊重学生的主体性

对高校学生进行民主管理，就是要求高校学生教育管理工作者在对高校学生的管理中重视人的因素，也就是高校学生教育管理工作者要重视高校学生的主体性，把高校学生视为具有独立人格的个体。目前，有些高校学生教育管理工作者忽视学生的主体地位和学生也具有独立的人格，如部分规章制度都是在学生不知情的情况下制订出来并要求学生遵守的，学生在这一过程中完全处于被动的位置。再如高校学生教育管理工作者为了执行上级任务，忽视学生主体意愿，单方面强制性开展活动。要实施民主管理，高校学生教育管理工作者必须改变态度，充分尊重学生的主体地位，将其视为实现教育管理目标的主体，实现作为学校工作人员特别是高校学生教育管理工作者与学生之间的互动，倾听学生的心声，向高校反映学生的要求。对学生更加尊重，会增强学生对学校和学生教育管理工作者的信任，进而使学生支持学生教育管理工作，如此就会使高校学生教育管理工作者与学生之间实现相互信任、相互支持，从而取得良好的管理效果。

（2）正确认识学生的价值

高校学生管理的对象是学生，高校学生管理的目的在于促进学生身心健康的发展，使其个性得到发展。在高校学生管理中，应该充分发扬民主，把高校学生既看作高校学生管理工作的对象，又看作管理工作的主体。目前，有些高校的学生教育管理工作者在进行管理和教育的过程中，缺乏民主，忽视人的自觉性，重制度、轻教育，工作方式奉行惩办主义，脱离育人的宗旨，导致师生关系紧张。必须摒弃这种管理方法，应转而采取民主的方法，着力培养学生的主体意识，引导学生自我管理、自我教育、自我服务、自主发展，促使其最大限度地发挥主体能力，为高校学生日后走向社会、走向工作岗位打下坚实基础。

(3) 建立学生参与管理的新型管理模式

从高校学生的心理特征来看，他们正处于心理自我发现期，这一时期他们产生了认识和支配自我、支配环境的强烈意识，他们的思想和行为表现明显区别于中学生相对独立的倾向，他们希望自己的意志和人格受到外界更多的尊重。他们不想被动地处于服从和遵守的地位，而是要求参与管理。根据高校学生的这一心理特点，高校学生管理应该打破传统的专制管理模式，增强学生在管理中的主动精神和培养学生的主人翁意识，鼓励学生对学校的各项工作进行策略思考，形成民主管理的良好氛围，使学生真正参与到高校事务管理中来，体现学生的主体地位。在高校与学生之间建立平等对话关系，让他们参与到教学工作、管理工作、后勤工作、社团工作中来，这样不仅可以减少潜在冲突的发生，而且可以改善高校教育学生管理工作者与学生之间的关系，建立彼此合作、相互依赖、相互尊重、平等对话的良性互动关系和伙伴关系。

三、高校学生管理的关系处理与目标

（一）高校学生管理的关系处理

在开展高校学生教育管理工作的过程中，要确保该项工作取得良好的成效，需要处理好以下两个关系：

1. 学生管理与规章制度

高校学生管理的有效实施与实现，离不开合理的规章制度的支持。教育部以党和政府的教育方针、青年高校学生成长的特点以及长期以来的工作经验为基础，制定并颁布了《针对高校管理的相关规定》，切实明确了高校学生教育管理工作者如何科学地管理高校学生。与此同时，各高校也以自身的实际发展情况为依据，制订了适合自身的规章制度，以对本校学生进行科学的管理。

此外，高校学生教育管理工作者在高校学生管理实践中对各种规章制度进行运用，可以发现规章制度中的不合理、不完善之处，从而不断丰富和完善与高校学生管理相关的规章制度。

2. 学生教育管理与思想政治教育

高校学生教育管理工作者在开展高校学生管理时，如果只强调严格管理而忽视思想政治教育，或只强调思想政治教育而置照章管理于不顾，只能导致高校学生管理以及思想政治教育都无法达到预期的成效。因此，高校学生教育管理工作者在开展高校学生管理工作时，必须与思想政治教育相结合，使高校的学生教育管理工作真正走上井然有序的轨道，进而在高校管理以及学生培养方面发挥更大的作用。

（二）高校学生管理的目标

高校学生管理目标是一定时期内实施高校学生管理活动所要实现的预期结果。高校学生管理目标是高校学生管理过程的指向、核心和归宿，规定着高校学生管理的方向和任务，制约着高校学生管理的手段和方法。高校学生教育管理工作者科学地确定并正确地把握高校学生管理的目标，是其实施高校学生管理的前提，是提高高校学生管理效益的关键。

1. 确定高校学生管理目标的依据

高校学生管理目标作为高校学生管理活动所要实现的预期结果，其形式是主观的，但它的确定并不是主观随意的，而是围绕高校的人才培养目标，依据社会发展的客观要求和学生自身发展的客观需要而确定的。

第一，高校的人才培养目标，是确定高校学生管理目标的直接依据。高等学校的人才培养工作是一个十分复杂的系统工程，高校学生管理作为这一系统的重要组成部分，其目的就是要通过为学生提供各种指导和服务，保证学校人才培养目标的实现。因此，高校学生管理目标的确定也就必然要以高等学校的人才培养目标为依据。实际上，高校学生管理目标也就是高校人才培养目标在高校学生管理领域中的体现和具体化。

第二，社会发展的客观要求，是确定高校学生管理目标的根本依据。这是因为，高校的人才培养目标，归根到底是由社会发展的客观要求决定的。同时，学生发展的基本趋势和总体状况归根到底取决于社会发展的状况及社会对人才素质的客观要求。而高校学生管理的实质就是要引导和帮助学生充分利用社会所提供的各种条件发展和完善自己，以适应社会发展的客观要求。为实现中华民族的伟大复兴，我国需要德智体美全面发展的专门人才这是高校确定高校学生管理目标的根本依据。

第三，高校学生自身发展的需要，是确定高校学生管理目标的重要依据。高校学生管理目标的确定，在适应社会发展需要的同时，还应当兼顾学生自身发展的需要。首先，高校学生是正处于发展之中的、具有鲜明个性的人。他们有自己的思想感情、兴趣爱好和理想追求，有丰富和发展自己的迫切需要。因此，高校学生管理的目标也就必然要顾及学生自身发展的需要。其次，高校学生既是管理的对象，又是其能动的主体。高校学生管理目标能否实现，关键就看它能否增强学生自我管理的主动性和积极性。为此，高校学生管理目标，就必须体现高校学生自身发展的需要。只有这样，外在的管理目标才能转化为学生自身的内在追求，从而激励学生自觉地开展自我管理，不断地奋发努力。

2. 高校学生管理的目标体系

高校学生管理目标按其地位和作用范围划分，可分为总目标和分目标。高校学生管理的总目标，是高校学生管理的全部活动所要实现的预期结果。高校学生管理的分目标，则是各个领域、各个层次以及各个阶段的高校学生管理活动分别所要达到的预期结果。总目标是分目标的基本依据，分目标是对总目标的分解和具体化；总目标调节和控制着分目标的执行，总目标的实现又有待于各个分目标的实现。高校学生管理的总目标和分目标相互联系、相互作用，构成了高校学生管理的目标体系。

规范普通高校学生管理行为，维护普通高等学校正常的教育教学秩序和生活秩序，保障学生合法权益，促进学生德、智、体、美等方面全面发展是现阶段我国普通高校学生管理的总目标。

维护高校正常的教育教学秩序和生活秩序，是高校学生管理的直接目标。任何管理活动的直接目标或第一个目标都是建立和维护组织的正常秩序。事实上，管理活动的产生就是为了规范和协调人的行为，能够围绕组织的目标，按照一定的制度和规定有条不紊地进行组织的各项活动。

保障学生的身心健康，是高校学生管理的基本要求。身心健康包括生理健康和心理健康，是生理健康和心理健康的有机统一。

生理健康是心理健康的物质基础，心理健康是生理健康的精神支柱。身心健康是人的全面发展的基础和内在要求。一个人，如果没有强健的体魄、振奋的精神和坚强的意志，就谈不上全面发展，也不可能成为适应社会需要的全面发展的高素质人才。保障高校学生的身心健康是培养社会合格人才的内在要求，是学生自身成长成才的迫切需要。当代中国学生是一个承载社会、家庭高期望值的特殊群体。他们自我定位比较高，成才欲望非常强，但普遍社会阅历比较浅，心理发展尚未成熟，易出现情绪波动。

随着经济社会的发展，特别是涉及学生切身利益的各项改革措施的实行，学生面临的社会环境、家庭环境和学校环境日益复杂，在学习、就业、经济和情感等方面面临着一定的压力越来越大，这不可避免地会影响他们的心理乃至生理健康。因此，加强高校学生管理，高校学生教育管理工作者为学生的学习、就业和日常生活提供必要的指导和服务，保障学生的身心健康，也就具有非常重要的意义。

促进学生德、智、体、美等方面全面发展，是高校学生管理的根本目标。培养全面发展的人，历来是具有远见卓识的教育家追求的理想目标。马克思、恩格斯科学地揭示了人的全面发展的内涵和历史必然性，创立了关于人的全面发展的理论。高校学生管理作为高校人才培养体系的重要组成部分，当然要为实现这一目标服务，以促进学生德智体美劳全面发展为根本目标。

四、高校学生管理的相关理论

（一）激励理论

在相当长的一段时期内，管理学领域都以激励为核心。在管理的研究上，也主要通过对人的行为做出假设，从而提出相应的激励机制，不同的管理学派的差异也源自此。对于激励一词，在经济学和管理学上的理解也是不同的。管理学对激励的理解偏重于人的内在动机，而经济学对激励的理解则偏重于外部手段。长期以来，经济学的激励理论和管理学的激励理论都是有着明确的区分的，而没有实现二者的结合。到了 20 世纪 30 年代，管理学的重要分支行为科学开始形成发展，不少在现代具有一定影响力的激励理论都是以行为科学为理论基础的。例如，过程激励理论研究的就是人从产生动机到采取行动的心理过程。根据激励理论的观点，激励能够对人的社会交往与人际关系产生一定的促进作用，能够起到健全人格的作用。过程激励理论同样发展出了不同的类型，期望理论就是其中较有影响力的一种，这一理论是由美国心理学家维克托·弗鲁姆（Victor Vroom）提出的。该理论认为，人类行为倾向的强度取决于其对这一行为可能带来的结果的期望以及所能取得的结果的吸引，这一理论可用公式被表示为激励力量 = 期望值 × 效价，这一理论表明，要实现有效的激励，期望值和效价上都必须足够大。当效价不足时，即便目标的实现有较大的可能性也不能实现对人的激励。同样地，即便效价足够，若目标实现的可能性不足，同样难以实现对人的激励。

对于高校学生教育管理工作来说，其最主要的目标就是育人。因此，对于不同的职能部门来说，也应该建立起相应的激励制度，激励高校学生教育管理工作者更加积极、有效地参与到学生教育管理工作中来。

（二）人本管理理论

人本管理，是对以人为本的管理的简称。人本管理理论往往把人作为考虑一切问题的根本，因此也可以称为以人为根本的管理。早在20世纪30年代，很多西方的企业就把人力资源作为共重要的管理资源，通过发挥人力资源的优势可以更好地完成企业的管理工作，通过对员工能力的合理分配和安置，以求达到最佳的工作质量和工作效果。企业的管理和员工价值的发挥密切相连，根据马斯洛（Maslow）的相关理论，企业文化、企业管理以及企业人力资源管理之间可以通过一定的方法进行衔接和应对，三者间的衔接可以很好地调动员工的工作积极性，发挥最大的作用，促使员工实现最优的价值。我国著名的管理学家陈怡安教授曾经把人本管理归纳为三句话：点亮人性的光辉；回归生命的价值；共创繁荣和幸福。

人本管理对于高校学生管理而言，主要是要求高校学生管理做到区别于传统以物为中心的物本管理，要求高校学生教育管理工作者开展学生管理工作时既要依靠原则规定、制度约束、规范管理等硬性手段，也要通过培养、调动和锻炼学生的情感、意志、思想等方法来加以完善，这就从人本的角度对目前高校学生教育管理工作提出了新的要求。同样，在高校开展学生管理信息化过程中，更要注重以人为本的管理理念，学校各级管理者先应该树立以人为本和管理育人的理念，积极创造民主、自由、平等、有效的育人环境，制订和实施正确的管理政策、措施。在开展学生管理信息化过程中要把学生当作学校管理之本，强调以学生为中心，特别要重视学生作为青年人的特征，充分尊重他们的爱好和兴趣，最大限度地满足他们的种种合理需要，从根本上保证学生的基本权益和利益，充分鼓励学生发展自我特性，切实服务学生。

高校是教书育人的主阵地，是学生学习的关键性阶段，对于学生的思想观念和人生规划等具有重要影响。只有坚持以学生为本的管理理念，才可以协调好各方面的关系，更好地促进学生的全面协调发展。在进行高校学生管理过程中，要坚持学生的主体地位，在充分尊重学生的基础上更好地服务学生，让学生在强烈的信任感和好奇心的基础上更好地进行学习和发展。要能够了解学生的想法、掌握学生的个性、通晓学生的情感、尊重学生的想法，不断发现学生身上的潜力与闪光点，按照学生个性因材施教，培养出具有创新精神的新时代人才；同时学生管理工作的开展还要能够充分发挥学生的主观能动性，使学生进行自我管理和自主学习，最大限度地发挥学生的自我管理积极性。

（三）目标管理理论

目标管理的概念，最早是由美国管理学家彼得·德鲁克（Peter Drucker）于1954年在其著作《管理的实践》中提出的。在当时，由于经济和科技的快速发展，企业的组织规模不断扩大，分工也越来越细，分工的细化使得工作的专业性越来越强。但是，在这一发展过程中，整体的一致性与配合的协调性等问题则遭到了忽略。因此，面对着外部环境的变化，如果企业管理者仍然采用传统的、以压迫为主的管理方式，必然会引发管理者与被管理者之间的对立，造成整个企业管理的失控。德鲁克正是针对企业管理中的这一问题，提出了目标管理理论。德鲁克所提出的目标管理，就是以理性进行管理的同时兼顾人性的管理。他认为管理者应为被管理者设定一定的发展目标，从而增强被管理者参与管理工作的主动性与积极性。同时，在这一目标的基础上，还应根据时间的发展，制订一定的分目标，通过目标的组织、管理与控制，实现对企业的管理，也就是在管理上以目标的实现为导向。

时代的发展、高等教育的改革，都给高校学生教育管理带来了新的情况与问题，如教学内容的变化、教学手段与工具的变化、学生个体发展的变化、就业制度与形势的变化等。因此，面对新的问题与挑战，高校学生教育管理工作者在学生管理上也应借鉴企业管理的相关理论与经验，在高校学生教育管理中引入目标管理，在管理中充分重视人的作用，在由学生教育管理工作者制订总体目标的基础上，吸引学生参与项目目标的制订。结合学生制订的项目目标，将学校的总体目标体系进行有效分解，转化为各部门的具体目标，推动高校学生教育管理的目标化发展。

目标管理中注重学生的自我管理，这种管理更注重学生的参与度和民主性，因此目标管理理论也是一种民主性的管理理论。如果将目标管理理论应用在当前高校的学生教育管理工作中，能够更好地贯彻落实以人为本的观念，将学生作为教学管理和教育管理的核心和主体。

五、高校学生管理的现状

（一）高校学生教育管理工作取得的成绩

1. 教育法治化建设不断完善

教育法治化建设是社会主义法治建设的要求，也是高校学生管理自身的要求。随着民主法治理念的普及和个人权利意识的增强，原有的高校学生教育管理思想、管理模式、管理方法越来越不适应形势的变化和发展。在社会法治化建设过程中，教育法律体系进一步完善，学生的权利意识有了很大的提高，他们不再简单地服从于学校管理，不再完全遵从学校强加给自己的各种规章，而是有着不断高涨的权利诉求，他们需要更多地从学校获得自由和保护。当某些正当权利诉求不能获得公正、公平的处理对待或者学生认为没有获得应有的权利时，他们会开始利用各种方式来维护自己的利益，高校学生管理工作的权威性也会受到一定程度上的挑战。

2. 开始形成育人的理念

在坚持马克思主义关于人的全面发展学说和我国教育方针的指导下，高校学生教育管理广泛吸纳思想政治教育学、高等教育学、高等教育管理学和心理学等学科的研究成果，逐步丰富了学生管理工作的理论基础，开始形成育人的理念。在实际工作中，高校学生教育管理工作者开始重视对高校学生特征、学生思想的研究，注意考虑学生的心理需求和尊重学生个人的正当利益，在重视对学生规范和控制的同时，开始形成学生成才服务的管理观念，体现了以人为本和贯彻落实科学发展观的管理理念。

3. 形成了相对独立的内容体系

随着社会的发展，高校内部管理体制和教学改革不断深入，加上学生个性特征的变化，高校学生教育管理工作要面临大量新的具体事务。如家庭困难学生的出现，带来了学生生活保障的问题，并由此产生了学生困难补助、助学贷款、勤工助学等事务；弹性学分制的推行，导致了学生班级结构被打散，宿舍、社团等作为新的育人阵地开始备受关注；高校学生自主择业的实施，使就业指导、职业规划指导、就业信息收集与发布等服务项目应运而生；来自就业的压力，使学生对于社会实践经验、实践能力的要求增大，从而使高校学生社会实践活动备受青睐。

除此之外，由于经济压力、学习压力、就业压力、人际交往压力等导致部分学生出现了一些心理问题，在学生教育管理工作中，高校学生教育管理工作者必须加强对学生进行心理辅导和咨询的力度。学生缴费入学，导致学生作为消费者的主体意识不断增强，对学校的育人环境、学习和生活条件以及对高校学生教育管理的参与权等有了新的更高要求，如何提高高校学生教育管理的民主性及扩大学生的参与成为高校学生教育管理工作的新问题。由此，高校学生教育管理工作初步形成了既有规范、又有指导、有服务、相对独立的较为系统的内容体系。

4. 专职辅导员队伍建设取得了一定成效

各高校通过多种途径引进人才担任专、兼职辅导员，不断壮大辅导员队伍；同时鼓励和引导专职政工干部继续深造，攻读研究生，大大改善了专职学生教育管理工作人员的学历结构。同时，教育部和地方教育部门以及各高校还通过举办各种专题培训和研讨会，如心理咨询培训、新上岗辅导员培训、思想政治教育理论研讨会等，不断提高学生管理工作专职人员的理论素质，使高校学生教育管理工作队伍的建设取得了一定成效。

（二）高校学生教育管理工作存在的主要问题

社会主义市场经济和高等教育改革的发展，在给高校发展一个相对宽松环境的同时，也给传统的高校学生教育管理工作带来了严峻的挑战。由于教育管理工作的特殊性，近年来校方侵权案件不断。随着高校被学生起诉案件种类的增多，诉讼类型也从以往的民事纠纷转变到行政诉讼。这一方面反映了新时期学生的权利意识得到了普遍的提高，一直处于行政弱势地位的学生也开始认真地对待权利并为获取权利而斗争；另一方面也反映了目前高校学生教育管理工作中确实存在着一些亟待解决的问题。

1. 学生教育管理工作缺乏创新

高校学生教育管理工作必须结合当代高校学生的生理与心理特点，符合教育规律和高校学生成长规律，通过落实以学生为中心的管理理念，引导高校学生充分发挥自身主观能动性，创新管理方法，增强高校学生教育管理工作的效果。但是，在部分高校的学生教育管理工作中，尚存在着管理理念陈旧、管理方法缺乏创新等问题。在一些高校的学生教育管理工作中，由于缺少多种管理元素的配合协调，特别是没有调动学生参与管理的积极性，无法实现高校学生的自我教育、自我管理以及自我监督，因而影响了高校全员育人、全过程育人、全方位育人的效果。

2. 传统教育管理模式无法适应当代学生管理

传统的学生教育管理模式经过长期的工作积累也有一些值得保留和借鉴的管理方法和手段，但是由于社会不断发展、进步，传统的学生教育管理模式渐渐无法适应学生工作的需求和变化。从实际来看，绝大多数的高校学生教育管理工作都在重复一些事务性工作，只是管人、管事，没有创新，按部就班。高校学生教育管理工作者是学生教育管理工作的主导者、指挥者，在高校学生教育管理当中，如果高校学生教育管理者认为自己是执行官，学生是被指挥者，在这样陈旧的管理模式当中，会带来诸多的负面影响。

一些高校学生教育管理者工作还存在过度追求强压式管理方法的问题，这种方法会导致高校学生教育管理工作者只懂得指挥学生，不懂得引导学生，与学生沟通少，不能及时地解决学生困难的问题。某些高校学生教育管理工作者总是在出现问题后才解决问题，这是导致学生教育管理工作走向效果差、效率低的最终结果的主要原因。因此，高校学生管理工作者应面对新形势，适应环境发展，学习新的、科学的管理方法来教育管理学生，提高学生教育管理工作效率。

3. 网络环境中学生教育管理工作难度加大

当今的社会是信息化社会，世界的距离因为互联网的存在而缩小。随着网络技术和信息技术的快速发展，校园网络在高校中得到了广泛普及，互联网对高校学生的学习、生活及思想观念产生了广泛和深刻的影响，并改变着高校学生的生活、学习方式。

这使得高校学生教育管理工作更加复杂和多变，也加大了高校学生教育管理工作的难度。一些学生缺乏一定的自律能力和辨别能力，很容易沉溺于虚拟的网络世界中不能自拔，还容易受到一些网络思想的影响和诱导，走上错误的发展道路。

因此，在高校学生教育管理工作中，高校学生教育管理工作者一定要加强对学生的引导和教育，让学生树立正确的网络意识，合理地使用网络资源，促进他们实现更好的发展。

4. 教育管理队伍无法有效开展学生管理工作

高校学生教育管理队伍人员配备不足制约着学生教育管理工作的成效，给高校学生教育管理工作带来了巨大难题。辅导员是最基本的高校学生教育管理工作者，辅导员在各基层单位的分布不够科学、不够均衡，使高校辅导员的工作量显著提高，由于人员配备不足，部分辅导员在有限的时间和精力范围内无法高效率地开展工作，力不从心，没办法做到经常与学生交流沟通，更无法为有问题的学生提供疏导和教育。首先，部分进行学生管理的基层工作人员的知识储备和综合能力无法与高校学生教育管理工作需求相适应，其中很少有人经过专业的培训，缺乏自我提升的锻炼机会，很难做到与时俱进、不断提升自身业务能力水平。其次，高校学生教育管理工作者年龄相对较轻，社会阅历和人生经历较少，在与学生沟通和交流的过程当中欠缺经验，不够老练，使学生教育管理工作效率大大降低。

以上问题都是导致高校学生教育管理工作管理效果不佳、管理力度不够、管理成果不多的原因。高校的学生教育管理工作错综复杂，都是细节工作，更是重点工作，涉及学生和学校的方方面面，不容小视。由于现行的高校学生教育管理方法缺乏科学性、合理性，没有重视服务管理，使高校学生教育管理者身陷困境，疲于事务性管理工作，使其工作过于注重形式，很大程度上影响了高校学生教育管理队伍的工作效果。

第三节 高校学生管理体系构建的意义与思考及构建实践

一、高校学生管理体系构建的意义

（一）构建学生管理体系的必要性

随着市场经济的建立、社会的发展及高等教育改革的深入，高校的学生管理又面临着难得的机遇和挑战，有必要构建合理的学生管理体系。

1. 经济社会快速发展的必然要求

随着市场经济的发展和高校扩招，高校学生管理正面临一系列的转变，如学生工作的部分管理职能正在向服务职能转变；学生就业正在由计划分配向自主择业转变；固定学制正在向弹性学制转变；经济困难学生的资助由原来的发放助学金、困难补助向助学贷款和勤工助学转变等。这一系列转变使原来传统的学生管理理念、管理模式问题日益凸显，难以满足市场经济条件下高校发展的要求。而目前与之相适应的新的学生管理理念和模式尚未完全形成，这就为高校的学生管理带来了新的考验。

2. 适应信息化时代发展的必然要求

在信息化迅速发展的今天，网络的发展和普及为高校学生管理提供了新的阵地和领域，提高了工作效率，为学生管理带来了难得的机遇，但同时网络也给学生管理带来新的问题。一是由于网络信息的快捷性、丰富性和开放性特点，使高校学生教育管理工作者在获取信息的渠道、时间、数量上与高校学生相比不占明品优势：二是网络的虚拟性、隐蔽性使网络上出现了一些有害信息，使高校学生难以判别和抵御，有的上当受骗，还有的沉湖于网上虚拟世界不能自拔，这就为高校的学生管理带来了新的挑战。

3. 高等教育改革和发展的必然要求

高等教育的国际化给学生管理提出了更高的要求，在这种情况下，高校学生管理必然要与世界先进高校学生管理接轨，用新的管理理念、管理体制、管理模式来适应时代发展的要求。同时，教学体制改革使学生管理面临新的变革。目前，全国各高校普遍实施了学分制。在学分制下，学生管理打破了学年制整齐划一的教学管理模式，学生管理工作不仅局限于本专业学生，还要管理由选修课程形成的其他专业或其他学校的学生。同时，学生管理除了要对学生进行教学和思想生活管理外，还需要帮助学生构造合理的学科知识结构，指导学生由定向学习变为自主选择性学习。因此，学生管理必须实现由学年制下的指令性管理向学分制下的指导性管理转变。

4. 适应当代高校学生个性特征的必然要求

当代高校学生多为独生子女，因而对生活的体验和感受不同于以往的大学生，他们时代感强，责任意识较弱；自我认同感强，实践能力较弱；参与意识强，辨别能力较弱；主体意识强，团队意识较弱；个性特点强，承受能力较弱。这些特点使学生管理面临着一定的挑战：高校学生全新的行为方式和理念与传统的学生管理体制必将产生冲突，高校学生教育管理工作者如果不及时解决这些冲突，就会使工作陷入被动。

（二）构建学生管理体系的重要性

1. 有利于促进学生管理科学化理论的发展

理论是行动的先导，构建学生管理体系，有利于进一步使学生管理理论科学化，探索和创新适合我国高校学生管理科学化实践的管理理论和内容，以促进高校学生管理科学化理论的发展。

2. 有利于学生管理走上制度化、现代化的轨道

构建高校学生管理工作新体系，有利于深化学生管理体制的改革。建立健全学生管理机构，明确管理职责，科学制订学生管理制度，加强各项管理活动规范建设，使学生管理的各个环节有章可循，有利于降低学生管理政策的指令性，而增加其宏观调控性，突出管理理论的指导性，重视管理实践的差异性，避免管理行为的盲目性和随意性，使管理遵循规律，步入科学管理的轨道，推进学生管理的科学化实践进程。这样，就可以使高校学生管理走上制度化、现代化的轨道。

3. 有利于提高各层次管理者的素质

学生管理队伍的素质水平，是实现科学化、现代化管理的关键。在学生教育管理工作新体系构建的过程中，高校学生教育管理工作者需要加强科学化意识，主动依靠和利用现有的科学方法、现代化科学手段，提高学生管理的有效性。高校学生教育管理工作者必须学会应用科学的方法去分析问题、解决问题，不断地学习管理理论，认识和掌握学生管理的内在规律，掌握现代化管理手段，从经验主义的管理模式中解放出来。

4. 有利于促进学生管理水平的提高

高校学生管理的最终目的，是强化内部管理的运行机制，提高工作效率和效

益，促进人才培养。在科学化体系的保证下，学校和学生双方均可以按照有序的活动方式进行，而且活动的双方可以充分有效地发挥其主观能动性，充分发挥学生管理的有效性，从而提高学生管理的效率和学生管理水平。

二、构建高校学生管理体系的思考

在构建一个完整的高校学生管理工作新体系时，高校学生教育管理工作者需要考虑并整合五大关键子体系，即思想体系、内容体系、组织运行体系、保障体系以及考核评价体系，这种多层次、多阶段的结构设计旨在确保高校学生管理体系的全面性和可持续性。通过精心设计和不断优化各个子体系，我们能够建立起一个符合现代学生管理需求的高校学生管理体系，为学生成才提供更全面的支持。

（一）学生管理体系的思想体系

1. 指导思想

在现代社会，以人为本、不断促进人的全面发展，已越来越成为经济社会改革发展的出发点和根本动力。同样地，作为一种深层次的高等教育管理发展理念，以人为本就是在坚持马克思主义的根本哲学立场的前提下，相信人、尊重人、依靠人、发展人、让人积极愉快地进行工作或学习，取得更好的教学效果，实现人的更大发展。这也成为高校学生管理的基础理论。在开展具体工作时，要以高校学生全面发展为目标，解放思想、实事求是、与时俱进，贴近实际、贴近生活、贴近学生，努力提高管理的针对性、时效性和灵活性。

2. 新理念

（1）追求卓越的理念

追求卓越是一种优秀的组织文化，它的精神核心是“追求效率，以事业为本”，它通过与以人为本的原则相融合，能够在学生管理领域中得以有机渗透，进而使高校学生教育管理工作者能够更全面地关注个体的需求、成长和潜力，并将这些元素有机融入管理文化的核心价值观中。

追求卓越并不仅仅是对结果的追求，更是一种持续进取的心态和对自我提升的不懈追求，只有具备这种精神，高校学生教育管理工作者才能在高校学生教育管理工作中创造卓越的事业，鼓励学生进一步实现自己的潜力。

（2）民主与法制的理念

当前，在学生管理中，学生要求平等参与涉及自身利益的欲望越来越强烈，高校学生教育管理工作者必须在学生管理中强化民主观念，彰显人文管理精神。因为现代高校学生是一个具有较高素养的特殊社会群体，他们对事物有其独特的认知和判断能力，较少盲从，一般难以接受命令式的管理，更反感高校学生教育管理者用行政命令的方式来推动管理目标的实现。因此，人文管理应当成为高校学生管理的价值目的。这种管理是要求高校学生教育管理工作者在管理中将学生放到应有的主体地位，不仅要注重服务，尊重和理解学生，还要更致力于满足学生全面发展的需求，由此建立一种互动而平等的人际氛围，使高校成为一个真正关心学生成长、充满活力和创新的社区。这种管理是要求高校学生教育管理工作者在管理中遵从参与和一体的原则，让学生在管理活动中参与选择，参与创造，参与管理，参与决策，参与共建，以增强学生的一体感。

依法治校，体现在学生管理制度中，就是要加快推进学生管理的法治化进程，将学生管理全面纳入法治化管理的轨道，以充分尊重学生的人格和权利，客观、公正、全面地考核、评价学生，使学生管理顺畅、有序和谐。首先，高校在制订校纪校规时要注意体现和维护学生的正当利益，表达他们的意志；其次，高校要建立完善的利益表达制度，畅通信息交流的管道，让学生能够充分、有效地表达自己的合理见解，维护自身的正当利益，同时使学生与学生教育管理工作者增加沟通，有效提高管理的效率；最后，高校在学生管理中应坚持正当程序原则，通过正当程序控制管理过程，规范权力的运行秩序，使权力的行使符合法治精神的规范步骤和方式，避免管理运行的无序性、偶然性和随意性，保证管理行为的合法性和高效性。

（3）社区工作的理念

社区工作是专业社会工作的一种基本方法，一般来说，社区工作的核心理念聚焦于通过有组织的领导和管理，充分发挥社区内部的力量和资源，从而强化社区的整体功能，解决社区面临的各类问题，推动社区的协调和健康发展。在这一理念中，社区被看作一个有机的系统，需要以协同的方式来应对各种挑战和问题。在特定组织的领导和管理下，社区工作不仅关注问题的解决，更关注社区整体的发展。而社区工作的成功与否在于其能否真正服务社区、推动社区发展，为社区成员创造更好的生活条件。

社区工作具有以下几个理念特点：第一，它是一项有计划的行动；第二，它的实现途径是鼓励社区成员自助、互助及自觉参与；第三，它的基本目标是利用社区内外资源解决社区问题；第四，它的高级目标是培养社区归属感，促进社区整合，促进社会转变。高校既具有一般社区的特点，又具有学校社区的特殊性。

新形势下的高校学生教育管理工作，需要认清高校社区工作要素的特点，构建校园社区参与、互助、信任、成长的新局面。

(4)“蓝海战略”的理念

“蓝海战略”是由W. 钱 . 金（W Chan Kin）和勒妮・莫博涅（Renee Mauborgne）教授针对企业竞争共同提出的。它的提出为企业指出了一条通向未来增长的新路。它要求企业把视线从市场的供给一方转向需求一方，通过跨越现有竞争边界看市场及将不同市场的买方价值元素筛选与重新排序，重建市场和产业边界，开启巨大的潜在需求，继而摆脱“红海”——已知市场空间的血腥竞争，开创“蓝海”——新的市场空间。虽然“蓝海战略”最初是为企业竞争而提出的，但其核心思想却也为高校学生教育管理工作提供了指导。近年来，随着高等教育事业的改革和发展，高校学生有了很多新的需求，学生教育管理工作和其他工作交叉、渗透和融合更为广泛，同时面临着前所未有的压力和挑战。

“蓝海战略”告诉我们，面对用户不断增长的需求和企业之间的残酷竞争，企业要重建市场和产业边界，要给用户提供更有价值和周到的服务。而在高校开展学生教育管理工作，要真正体现对学生的关爱和成长帮扶，解放思想，开拓创新。通过将“蓝海战略”的核心思想引入工作实践，传统的思想政治教育和日常管理工作将逐渐演变为一个更为综合、集成的工作体系，这一转变不仅使工作更为全面，同时也更加贴近时代潮流和工作实际需求，当然，这也要求高校要从学生的评价体系、维权助困、心理健康、创业教育等方面寻求学生工作新思路，探索人才培养新思路。

3. 学生管理体系设计的目标

高校学生管理的核心目标是服务广大学生，促使他们成才和实现全面发展。为实现这一目标，必须确立以学生为本的工作价值目标观，使高校的每一项教育管理工作都服务于学生成长、发展。这意味着高校学生教育管理工作者应该深入了解每个学生的个性、兴趣、需求和挑战，只有通过深刻的了解，高校学生教育管理工作者才能制订出更有针对性的服务计划，从而满足每个学生独特的发展要求。同时，还应帮助学生形成正确的需要层次和需要结构，引导学生把个人的成才目标与学校的教育目标统一起来。高校学生教育管理工作的目标应包括以下四个内容：

(1) 引导和规范学生日常行为

学校在塑造学生良好行为习惯和提升学校整体文明程度方面，要采取科学合理的管理手段。通过制订明确的规章制度和相应的奖惩措施，规范学生在公共场所的举止，引导他们养成谦让礼貌的良好行为习惯。学校这种规范学生行为的做法不仅有助于创造和谐的校园环境，还有助于培养学生的社会责任感和公民意识。

同时，学校注重通过制订和实施安全措施来增强学生的自我保护和安全防范意识，这包括对学校场所的安全规划、紧急疏散演练、消防设施的维护等，还包括对学生安全行为的规范，如要求学生不在宿舍内违章用电、不在不具备条件的地方进行娱乐活动等，以保证学生的财产安全和人身安全，这不仅有助于提高学生在紧急情况下的应急能力，还能规范学生在安全方面的行为，让他们更加懂得如何保护自己和他人。通过规范学生在社会政治活动中的行为，引导学生树立正确坚定的政治立场。

（2）营造良好的学习和生活条件

学校在维护教育教学秩序和促使学生成绩提升方面，要采取建立学习制度的有效手段。通过制订明确的学习规范和纪律要求，学校能够规范学生的学习过程，保证教育教学秩序。这种制度不仅有助于确保教学效果，还有利于培养学生的学习纪律和自律精神。

为了增强学生的积极性、主动性和创造性，学校还要建立多渠道的奖励机制。通过适时、适度的奖励，学校能够及时认可和鼓励学生的努力和成就。这不仅增强了学生的学习热情，也有利于培养他们在学术和非学术领域的全面素养，可以帮助他们最大限度地发挥潜能。

另一方面，为了解决学生在经济方面的困扰，学校要采取相应的资助措施。通过提供包括奖学金、助学金等形式在内的经济援助，高校可以帮助学生缓解经济压力，让他们更专注于学业。这不仅有助于提高学生的成绩，更能够促进学生全面发展，为其未来的职业发展打下了更为坚实的基础。同时，学校还可以用团体管理的经验和优势，采取一定的管理措施，降低学生的社会生活成本。

（3）培养和提升学生的法治意识

学校在维护校园秩序和塑造学生行为规范方面，要制订一系列严格的限制性和处罚性制度。这些制度不仅有效地抑制了学生的不良行为，也起到了约束和规范的作用，确保校园环境的和谐与稳定。

限制性制度主要通过规定一系列规章和纪律来明确学生在校园内的行为准则，这包括对学术、宿舍、社交等方面的规范，限制性制度为学生提供了明确的指引，确保他们在校园中的行为符合公共秩序和道德规范。处罚性制度则是在学生违反规定时，对其采取一定的惩罚措施，以达到规范学生行为的目的。这种制度不仅可以及时有效地制止学生的不当行为，也有助于让学生认识到行为的后果，培养他们的责任心。通过建立这些制度，学校还能够培养学生的法治意识，学生在遵守规定的过程中，能够逐渐认识到法治对社会的重要性，从而养成尊重法律、遵纪守法的良好意识，为他们的未来社会参与打下坚实的基础。

4. 学生教育管理工作的原则

（1）管教结合原则

教育与管理的结合，是学生教育管理工作最基本的原则。教育是学生工作的目标，是要培养学生全面发展、具备综合素养，而管理则是实现教育目标的手段，通过规范、组织、引导学生的行为，确保教育的顺利进行。

在学生教育管理工作中，对学生进行教育是其出发点，同时也是其落脚点，这意味着学生教育管理工作者的首要任务是通过各种方式，对学生进行全面的教育，使他们在知识、道德、智力等方面得到全面提升。

为了实现教育目标，必须通过制度组织和纪律保障来进行管理，学校内部的各种规章制度和管理制度都是为了确保教育活动有序进行。例如，如果学生违反了校规就需要根据情节进行处理，这种处理不仅是对学生个体不良行为的制止，更是对整个学生群体的教育。对学生实施教育管理不仅是对规则的执行，更是对教育的支持。在加强管理的过程中，通过生动具体的事例和优劣典型，使学生受到教育。这种方法可以使抽象的管理制度更具体、更有说服力，让学生更好地理解规则的重要性和合理性。通过身边的例子，学生可以更深刻地认识到良好行为的重要性，同时也能够从不良行为中吸取教训。

（2）学生自我教育与管理原则

在唯物辩证法看来，事物发展变化是由外因和内因共同作用而产生的结果，该理论在学生教育管理中同样适用。在学生培养中，学生教育管理工作者的教育管理活动被看作外在条件，而学生内在思想的矛盾运动则是教育管理活动取得良好教育效果的根本，因此，仅仅依赖外部的教育管理是不够的，高校学生教育管理工作者还需要引导学生从内在的矛盾冲突中获得深刻的思考和成长。

对此，高校在学生教育管理中必须注重培养学生的自我教育与管理的能力，这要求高校应当创造有利于学生主动参与、自我激励的教育环境，使学生不仅是教育管理被动的接受者，更是主动的参与者，培养学生逐渐养成主动学习、自我反思和自我调整的能力。

（二）学生管理体系的内容体系

高校学生管理的内容体系主要包括高校学生日常思想政治管理、高校学生日常行为管理和高校学生日常事务管理三个部分。

1．高校学生日常思想政治管理

高校学生日常思想政治管理是大学校园内一项重要而系统的工作，旨在促进学生的全面发展和健康成长。在这个过程中，学校管理部门通过制订明确的教育方针，确保思想政治管理工作的目标明确、任务清晰，通过建立健全的工作机制，包括定期组织会议、培训活动等，以确保能有序地进行管理工作，保障学生党团组织活动的质量和效果，并对高校学生的是非观念、人生态度和政治倾向进行引导。例如，通过举办党团培训班，吸收先进青年加入党团组织等。

2．高校学生日常行为管理

高校学生日常行为管理是大学教育管理中的一项重要任务，旨在通过制订明确的规章制度，引导和调整学生的行为，以确保教育实施过程的顺利。具体而言，高校学生日常行为管理主要包括两个内容。一是要对学生积极行为的肯定和鼓励，包括但不限于学生遵守校纪校规、参与社会服务、见义勇为等积极向上的行为，通过对这些行为的充分肯定和积极鼓励，能够培养学生的责任心、奉献精神，培养他们成为社会有用的人才。二是学校还要对学生消极行为进行否定和惩处，通过对那些不健康、不文明行为的明确否定和适度的惩处，学校能够引导学生树立正确的价值观，防止不良行为的蔓延，维护校园的和谐稳定。

高校学生日常行为管理的目的在于引导学生实现全面发展，因此，学校不仅要关注学生的思想学业成绩，更要关注对学生的思想品德和社会责任感的培养。通过对学生行为的引导和调整，学校为学生成长提供了全面的育人环境，能够为他们未来的职业和社会参与打下坚实的基础。

3．高校学生日常事务管理

高校学生日常事务管理是高校学生教育管理工作的又一重要组成部分，它不仅关注学生的学业进展，还关注与学生生活密切相关的方方面面。这一工作旨在为学生提供全面的支持，使他们在校园中得到良好的学习和生活体验。具体而言，高校学生日常事务管理涵盖了多个层面。首先，它包括奖助学金的评定与发放。通过对学生学习表现的认可和奖励，可以鼓励学生在学业上取得更好的成绩，同时也有助于营造学术氛围，这既是对学生努力的认可，也是鼓励其继续努力，不可懈怠。其次，高校学生日常事务管理还包括荣誉称号的申请与授予。通过设立一系列的荣誉称号，学校可以对学生在学术、文体、社会服务等多个领域的表现进行肯定，这不仅有助于提升学生的综合素养，还可以对他们进行积极的引导。最后，入学（或离校）手续的办理也是高校学生日常事务管理中的重要环节。学校需要为新生办理入学，同时为毕业生提供规范的离校手续。通过精心设计的手续办理流程，学校能够为学生提供便捷的服务，确保学生在入学和离校时都能够顺利完成相关手续。

高校学生日常事务管理是专业化程度较高的专项工作，它在很大程度上体现出一所高校的办学理念和办学水平。尤其是随着我国高等教育改革的不断深入，高校招生规模不断扩大，收费制度、就业制度逐渐社会化、市场化，学生的主体地位进一步凸显，主体意识、权利意识进一步增强，个性化需求日益增多，各种新情况也对高校学生日常事务管理提出了新的要求。

（1）高校学生日常事务处理的规范化

高校要认真贯彻国家相关高等教育法律法规，严格执行《普通高等学校学生管理规定》，按照“规范、科学、高效”的要求，努力提高对学生日常事务的处理能力，处理各种学生日常事务要及时、规范；切实做好学生安全与思想教育工作；重视学生管理的细节；建立学生信息沟通和反馈机制，及时掌握学生的思想动态，对学生群体性思想情绪有预判并及时引导、转变。

（2）高校学生日常事务管理机构的专门化

高校要成立高校学生事务管理中心，建立和完善相关的工作机构和工作职能，把服务学生作为首要任务，树立管理也是为了更好地服务这一思想。

（3）高校学生事务管理者的专业化、专家化

尽快建立起一支以职业型、专家型为主的高校学生事务管理工作队伍，确保高校学生事务管理工作走上正确轨道。要像关心和培养教学和科研队伍那样注重学生事务管理者实际业务水平和学历层次的提高，加强对学生事务管理者教育学、心理学和精神病学等方面的培训，加强职业道德建设，使广大高校学生事务管理者不仅能够热爱学生工作，而且能够把学生工作当作自己终生的事业来做，使高校学生事务管理者走上职业化、专家化的道路。

（三）学生管理体系的组织运行体系

高校学生管理体系的组织运行体系包含组织构建和运行机制两个部分。

1. 组织构建

组织构建要突出机构建设和队伍建设两个重点：

（1）机构建设

学生管理工作的有效开展离不开一个健全而高效的组织机构，而配备齐全、工作得力的学生工作机构则成为这一体系的必要基础。这一机构在学校校园内扮演着至关重要的角色，其工作的有效性直接关系到学生管理的质量和效果。

长期以来，各学校以及不同院系的学生工作机构在设置方面采取了多种模式，如党委学生工作委员会、学生工作部（学生处）、学生工作办公室等。在高等教育大众化阶段，高校学生规模快速增长，实施层级管理，健全和完善校、院（系）两级管理，以院（系）为主体的管理体制，成为众多高校的必然选择。首先，成立以主管校领导为首的高校学生管理工作领导小组，负责对学生管理工作的决策和统筹部署；其次，设立学生工作部（学生处）作为学生工作的职能部门，负责牵头落实领导小组的各种决议、决定，协调教务、行政等部门对学生进行共同管理和指导、督促二级院系学生管理工作；最后，设立学生工作办公室（各二级院系），负责协调本部门各年级、班级学生事务管理（通过辅导员），将学校的各种精神、政策和决议传达给学生。

由此可见，高校学生管理工作组织体系由高校管理者、教师（辅导员）、学生和各管理机构组成，这些管理机构包括党团组织、学生会、班委会、学生管理部门、学生申诉部门等。

（2）队伍建设

高校学生教育管理工作的有效展开不仅需要系统的制度安排和资源支持，更需要一个稳固且高效的学生工作队伍。在这个队伍中，辅导员扮演着关键的角色，他们直接与学生打交道，负责指导、关心和引导他们在校园生活中的一点一滴。因此，以辅导员为重点的学生工作队伍建设，被视为高校学生教育管理工作的必需组织保障。

在高校学生的教育管理工作中，要保障学生的全面发展和保障学生拥有良好成长环境需要有足够数量且水平较高的教师、辅导员以及负责任的学生导师。其中，最需要关注和加强的是辅导员队伍建设。辅导员在高校学生工作中扮演着至关重要的角色，对于促进学生的全面成长和解决学生问题具有重要的作用。可以说，辅导员队伍建设的怎么样，高校的学生工作效果就是什么样。

在逐步建设现代化高等教育体系的新时期，教育部出台了各种相关文件，为高校的学生教育管理工作提供了明确的指导方向。学校被要求在高校学生工作队伍中加强辅导员的角色，将其视为学生成长过程中的关键支持者。这有助于强调辅导员在学生发展、学业规划和生活辅导方面的职责，提高其在高校管理体系中的地位。此外，这一规定也有助于推动高校的管理工作向科学、人性化的方向发展。通过提高辅导员的配置比例，高校能够更好地适应不同学生的个性化需求，从而提升整体管理水平。

在辅导员队伍建设过程中，高校需要逐步完善多个层面的工作，以确保辅导员在高校学生管理中发挥更为积极、专业的作用。第一，应进一步提高对辅导员工作的认识，这意味着需要将对辅导员工作的重视程度提高到与专业教师工作相同的高度，充分认识到辅导员在学生全面发展中的重要性。第二，应明确辅导员的工作职责，尤其需要清晰界定辅导员与班主任、导师以及学生工作机构之间的关系，以建立协同合作的工作机制，从而更有效地推动学生管理工作的全面展开。再次，要对辅导员进行专业培训，确保其在工作中不仅能够提供全面的服务，还能够保证工作的合规性和质量，能够更好地发挥其在学生发展中的引导和支持作用，更有效地促进学生的全面成长。第三，高校应当建立科学的考评机制，并制定有利的发展政策，以激励从事辅导员队伍的工作积极性，从而保障这支队伍的稳定、发展。第四，在高校学生教育管理工作中，确保辅导员队伍的高效运转至关重要。为了更好地完成辅导员的工作，有必要对专职负责学生工作的院系党委副书记和团委书记进行适当的职责分工，将其从事务性工作中“解放”出来，以便他们能够更专注于学生工作的策划和指导，从而推动辅导员队伍的现代化和专业化建设。

2. 运行机制

为了更有效地开展学生教育管理工作，需要建立起一套有机而灵活的运行机制。这一机制的核心理念是实行校、院两级管理，并以院为主，以宿舍为阵地，以学生社团组织为载体，以学区为基层组织。

学生公寓作为校园中的生活区域，其地位和作用在学校教育制度变革和后勤社会化改革的推进中逐渐显现了出来，成了学生生活和成长的载体和平台。学生宿舍区是一个以区、楼、层、室为单位的组织结构，有助于更好地满足学生个性化的需求，提供更贴心的服务。同时，这种组织结构也为高校提供了更多层次、更具针对性的管理和教育手段。在这一背景下，高校应当成立高校学生生活园区或社区学生工作委员会，对入住生活园区的学生按单元或楼层组建学区，并在每个学区中，都建立党团组织，并配备学生辅导员。学区作为一个相对封闭的空间，其内部成员相对稳定，有助于更好地开展高校学生教育管理工作。同时，在学区中建立党团组织，加强了对学生思想教育的引导，而学生辅导员按学区、学院的配备方式，也更有利于实现人员到位，提供更为全面的服务。通过这种方式，可以更好地发挥生活园区的育人功能，促使学生在这个相对小范围内实现更全面地成长和发展。

学生处在学生管理中扮演着至关重要的角色，特别是在学生思想教育工作方面，其组织和实施的工作对于学生成长具有极大的影响。一方面，学生处会与分团委、团总支等部门协同配合，通过开展各类文艺活动、讲座、比赛等，丰富学生的校园文化生活，促进学生全面素质的提升。另一方面，学生处还与有关部门或学院合作，共同开展思想品德实践教育和心理咨询，通过组织讲座、工作坊、心理健康活动等，关注学生心理健康问题，为他们提供专业的心理咨询服务，帮助学生更好地应对压力和困扰。此外，学生处通过与社区或学区协作，能够实现更精细化的管理，不仅如此，其优点有很多，包括：

第一，通过实行模块（又称平台、区域）管理，高校建立了一个相对独立而完整的学生工作体系，使得权责关系更为明确，运作更加畅通，学生教育管理水平明显得到加强。在过去的学生管理体制下，学生工作通常归每个院系各自管理，但由于各院系主要负责繁忙的教学科研工作，学生工作往往被忽视，难以全面关注学生的需求和问题，导致管理层次不清晰，责任不明确。而通过实行模块或社区管理方式，学生工作系统的目标、任务和责任得以明确规划，管理路径也更加直接而高效。这种管理方式带来的一项重大改变是学生工作干部相对集中配备，并能专心致志从事学生工作，这使得学生工作在管理和服务方面得到更为专业和有针对性的促进，能够为学生提供更全面的支持和指导。

第二，通过从制度建设入手，按照规范化、系统化、科学化的要求，不断提高学生教育管理工作的层次和水平，从而提高管理的效率和质量。学生模块或社区管理首先应当注重建章立制，即通过制定规章制度来规范学生行为和管理流程，并为管理者提供操作指南，从而形成一套有序、可执行的管理体系。这有助于提高管理的效能，降低管理成本，确保高校学生教育管理工作的顺利开展。同时，为了使学生更好地理解和遵守制度，学生模块或社区管理人员还需要向学生公布相关信息，由此保证制度的公开透明。透明的制度公布有助于学生全面了解管理规范，从而形成共同遵守的管理文化，增加学生的参与感和责任感，提高管理的实效性。

在学生管理中，为确保管理过程的顺利和能够有效实现管理目标，构建畅通的沟通回应机制显得尤为重要。这一机制旨在及时、准确地收集、传递和反馈关于学生工作的各类信息，以便高校学生教育管理工作者能够全面了解工作进展，做出科学决策，并进一步提高其管理水平。

建立有效的沟通回应机制是依法治校条件下尊重和满足学生权利的需要，也是现代大学决策科学化、民主化的重要保障手段。高校思想在学生教育管理工作中收到不同的声音，及时化解和处理实施中的冲突，实现双向互动，必须健全和完善其沟通与回应机制。

（四）学生管理体系的服务保障体系

在构建全面的服务保障体系时，高校特别需要重点关注心理辅导和突发事件预防这两个关键领域。

（1）心理辅导

通过心理辅导，学生可以更好地认识自己，理解自己的情感、思维和行为，从而形成积极的心态，帮助学生更好地应对生活中的压力和困扰，促使他们更加积极主动地面对挑战。其次，通过心理辅导，学生能够建立自己独特的个性特征，养成积极的人生态度，培养良好的人际关系和沟通能力，这有助于学生在成长过程中形成积极向上的心理品质，为他们的未来发展奠定坚实的基础。同时，心理辅导还着力于提升学生的心理调适能力和适应社会能力。在面对生活的各种变化和挑战时，学生需要具备一定的心理调适和社会适应能力。

因此，为了更全面地关注和促进学生的心理健康，高校需要开展并完善“三位一体”的三级工作体制，构建一个多层次、多元化的心理健康服务网络，以满足学生不同层面的心理健康需求。在高校层面，应当成立高校学生心理健康教育中心，它负责开展心理健康普查，建立学生心理健康档案，提供心理咨询门诊服务等。高校层面的工作旨在为整个高校的学生提供全面的心理健康服务，形成覆盖全校范围内的心理健康服务网络。在学院层面，需要建立院级心理辅导站，负责学生具体的心理辅导工作。这些站点旨在解决学生在其学习生活中遇到的心理困扰问题，起到承上启下、衔接沟通的作用。最后，在学生层面，应当成立高校学生心理卫生协会，通过组织各种形式的宣传和活动，使得学生能够更好地理解和关注自己的心理健康，形成自我管理的能力。

“三位一体”的工作体制在学生心理健康教育工作中表现出了显著的优势。首先，这一体制调动了教师，特别是学生工作干部的积极性，通过“三位一体”工作体制，教师和学生工作干部能够更加密切地协同工作，形成了一个紧密合作的团队，这有助于让更多的教师参与到学生心理健康教育工作中来，提高了工作的专业性和深度，学生工作干部则能够更有力地组织和推动教育工作，发挥专业优势，形成合力。其次，这一体制从不同层次、不同侧面着手解决学生可能遇到的心理困惑和问题，教师和学生工作干部通过各自的角色和专业优势，可以从学业、生活、社交等多个层面去关注学生的心理健康状况，这有助于全面了解学生的需求，提供更为细致入微的心理健康支持，促使学生在各方面更全面、平衡地发展。最后，通过这一体制，能够建立起更为灵敏的预警机制，教师能够更及时地察觉学生心理问题的苗头，并采取有效的措施及时干预，确保学生在面临心理危机时能够得到及时的关爱和支持。

（2）突发事件预防

确保学生的安全是学生管理工作的核心任务之一，为了更好地应对潜在的突发事件，高校应该建立起一套安全事故突发事件预防长效机制，以保护学生的安全。这一机制应当考虑预防和处理两个重点。在处理安全稳定事件时，预防的目的在于阻止事件的发生，以避免不必要的损失。相对于处理已经发生的事件而言，预防更为重要，因为它能够在事件发生之前就采取措施，从而在源头上减少可能的风险和危害。因此，高校学生教育管理工作者应更加注重预防措施的制定和执行。

在当前的学生管理工作中，特别需要着重关注并推行安全事故预防长效机制建设，这一机制的建设涉及多个层面，其中首要任务是将安全和稳定工作纳入规范化的管理渠道。通过规范化的管理，高校可以更加有序地对安全和稳定工作进行组织和指导，确保各项措施得以有序实施。实施预案管理是长效机制建设中的关键步骤，通过制定详尽的预案，高校学生教育管理工作者能够在突发事件发生时更加迅速、有序地应对，减轻潜在影响。在组织建设和制度建设方面，长效机制的建设旨在确保安全和稳定工作的有机衔接，而明确的工作规范是实现这一目标的基础，能够为学生教育管理工作者提供明确的工作指导。同时，建立稳固的体系有助于在校内形成对安全和稳定工作的共识，形成全体师生共同努力的合力。

安全事故预防长效机制的建设不仅是现代管理的要求，更是学生教育管理工作者为了做好学生教育管理工作，保障学生健康成长和顺利成才的迫切需要。通过预防机制的建设，高校能够更为有效地应对潜在的安全隐患，确保校园环境的平安稳定，为学生成长提供更为安心的学习和生活环境。

（五）学生管理体系的考核评价体系

学生管理工作评价是指对管理工作的效果做全面检验和鉴定，它是学生管理工作体系的重要组成部分和基本工作环节。其作用在于能够让学校和有关职能部门全面了解和掌握各院（系）学生管理工作的状况和水平，总结学生管理工作的经验，探索学生管理工作的内在规律，加强对院（系）学生工作指导，使学生管理工作进一步向科学化、规范化、制度化发展，不断提高学生管理工作水平。科学合理的考核评价体系，应包括以下三个内容：

1. 考核评价的指标体系

在高校学生工作领域，为了科学、全面地评价学生管理工作的效果，通常学生教育管理工作者会构建一个细致且全面的考核评价指标体系，这一体系主要包括四个一级指标，分别是日常事务管理工作、文明行为管理、学生宿舍管理和学籍及违纪管理。每个一级指标下都包含多个二级指标，这使得评价体系既具备全面性，又有足够的细致度，可以深入到学生管理工作的方方面面。通过这一科学而细致的评价指标体系，高校能够更加全面、客观地了解高校学生教育管理工作的状况，为进一步提升工作质量提供有力的指导。

2. 考核评价的结果体系

对高校学生教育管理工作进行科学的考核评价是确保工作质量和效果的关键步骤，这一过程中，考核评价结果直接说明了教师学生工作的表现，通常将结果分为五个等级，即优、良、一般、较差和差。

优：能圆满完成各项观测指标，各个观测点反馈的信息都能与预期计划相一致，特色工作明显。

良：能较好完成各项观测指标，各个观测点反馈的信息都能与预期计划大体上一致，特色不太明显。

一般：基本能完成一级观测指标，二级指标落实效果一般，各观测点反馈的信息都能与预期计划基本一致，无特色。

较差：一级指标、二级指标均只能完成小部分，各观测点反馈的信息都不能与预期计划相匹配。

差：各项指标均不能完成。

3. 考核评价的激励体系

激励作为一种管理手段，包含了正激励和负激励，即激发和约束两个层面，而奖励和惩罚则是其中最基本、常见的激励手段。激励措施是学生教育管理工作必不可少的一部分。通过在高校学生教育管理工作中引入激励机制，不仅有助于提升高校学生教育管理工作者的工作积极性和创造性，也可以帮助其实现管理目标。

激励的种类通常包括薪酬激励、事业激励、机会激励和文化激励四种。薪酬激励是指通过金钱财富来满足人们的需要，从而实现激发内在动力的目的；事业激励是指通过提供更多的个人发展空间和机会来激励人们；机会激励是指通过工作行为本身使人们在一定程度内得到满足，产生一定的激励作用，如从事自己感兴趣的工作，这一行为本身就具有较强的激励作用；文化激励是指通过文化的熏陶和渗透会引发人们更高层次的心理满足，产生一定的激励作用。

三、高校学生管理体系构建实践

（一）搭建学生自我管理平台

在这个信息高速发展的时代，培养具有开拓创新和高素质的人才成为高校一项至关重要的任务。为了实现这一目标，高校学生教育管理工作者必须重视培养学生的主体性，使他们成为教育活动的主体和自我发展的主体。这意味着高校学生教育管理工作者要培养学生具有自我教育、自我管理和自我完善的能力，使他们不仅仅是教育的对象，更成为教育活动的主体，这样的主体性培养有助于学生在面对复杂多变的社会和职业环境时更具应对能力。

1. 构建以学生会、社团为主体的自我管理模式

在学生自我管理模式的建设中，以校学生会为核心，学生干部为主力军，组建各院系学生会及多职能部门的结构被认为是一种行之有效的组织模式。这种组织模式不仅创造了一个上下联动、协同合作的高校学生教育管理网络，同时也为学生自我管理提供了有力的组织支持。

作为学生自我管理的最高组织，校学生会具有协调、领导的功能，它不仅能够为各级学生会提供指导和支持，还能够在学生活动的组织和推动中发挥引领作用，这有助于在高校内建成一个整体协调、有序运转的学生管理体系。而学生干部作为学生会的骨干成员，要负责组织协调、活动推动等，他们具有一定的管理经验和领导能力，能够有效地组织和引导同学们参与各项管理活动。通过培养学生干部，可以不断提升学生自我管理工作的专业水平和执行力。

同时，通过增设一些部门，还有助于构建学生自我管理模式。例如，设立心理健康部门、学业发展部门等，使学生的自我管理不再局限于组织性活动，还能够更全面地关注学生的身心健康和学业发展。这样的管理体系更具有温暖、关爱的特色，能为学生成长提供更为全面的支持。不仅如此，这种自我管理模式的构建还能够全面发展学生的素质，培养其团队协作精神、创新能力和领导潜力。通过多层次、多门类的学生组织，学生可以更充分地发挥自己的特长和潜力，实现

全面的个人发展，这不仅有助于提高学生的综合素养，也为他们未来走上职场和社会奠定了坚实的基础。

2. 构建以学生社区为主体的自我管理模式

高校学生教育管理工作者应当构建以学生社区为主体的自我管理模式，这种多位一体的社区自我管理模式是一个非常有前瞻性和创新性的管理框架，它在学生社区自我管理委员会的基础上构建，为整个社区的管理和运作提供了更为全面和深入的方案。这个模式所覆盖的范围非常广泛，包括了寝室、楼层、社区、党支部、服务队等等。从最基本的寝室到更大范围的公寓和社区，每个单元都有负责人员，如寝室长、层长、楼长和区长，他们的存在确保了在整个社区范围内有人负责协调和管理。该模式最特别的地方是设立了特色服务队，这个特色服务队是直接面向每个公寓的学生社团组织，不仅为学生提供了更多参与社区建设的机会，还为高校学生教育管理者提供了更为直接的了解和回应学生需求的途径。这种将管理、服务和社区建设紧密结合的以学生社区为主体的自我管理模式，为学生提供了一个更温馨、更和谐的学习和生活环境。

3. 构建以网络虚拟社区为主体的自我管理模式

高校学生教育管理工作者应当构建以网络虚拟社区为主体的自我管理模式，这一理念的背后是希望通过这些先进的网络教育载体，培养高校学生自我管理和自我教育的能力，从而提高网络思想政治教育的针对性和有效性。而在构建高校学生网络虚拟社区自我管理模式的过程中，高校学生教育管理工作者需要善于利用学校 BBS、各院系网站。首先，高校学生教育管理工作者需要认识到这些网络平台不仅仅是信息传递的工具，更是高校学生进行思想交流和学术讨论的重要场所。学校 BBS 作为一个开放的平台，为学生提供了自由表达的空间，使得他们能够分享观点、互相学习。各院系网站和特色网站则通过更专业、细分的主题，满足了学生在学科领域和个人兴趣方面的需求。而高校学生教育管理工作者通过让学生自主开发和管理这些平台，鼓励他们成为虚拟社区的主导者，不仅培养了他们的创新精神，还使他们能够更好地理解和运用网络资源，提高其信息获取和处理的能力。

此外，为了保障虚拟社区的有序运营，高校学生教育管理工作者需要建立网络文明协会、网络信息协会，并制订与虚拟社区管理相关的规章制度。这些规章制度旨在为社区提供规范和纪律，确保平台的良性发展，同时，高校学生教育管理工作者制订例会制度、培训制度、奖惩制度还有助于调动学生干部、协会成员和网络管理员的积极性，构建以网络虚拟社区为主体的自我管理模式。

最终，通过这一自我管理模式，能够在学生与学生、学生与教师、教师与教师、学校与社会之间建立良好的沟通交流机制，构建一个完善的自我管理网络体系。通过这种方式，高校学生教育管理工作者可以更好地引导高校学生参与社区建设，提高他们的参与意识，使他们在虚拟社区中真正发挥主体作用。

（二）搭建法治保障平台

1. 加强高校学生的法律意识教育

加强高校学生的法律意识教育，强调的不仅是让高校学生遵守规章制度，更是要培养他们的法律意识，赋予他们监督高校依法办学的能力，同时，也是为了让学生具备法律素养，使其具备良好的法治观念与遵纪守法的习惯，这样做不仅对学生未来踏入社会有帮助，也能对整个社会的法治建设产生积极影响。

加强高校学生的法律意识教育，不仅仅是要向他们传授法律知识，更重要的是通过案例分析、模拟法庭等方式，培养学生对法律的感知能力和应用能力。这种全面的法治教育可以使学生更加敏锐地察觉法律的存在和影响，从而更自觉地遵守法律规定，建立起正确的法律观念。通过加强高校学生的法律意识教育，学生可以了解、理解和运用法律，以主动评估高校的规章制度和决策是否符合法律标准。这样的监督与参与不仅可以提高学校决策的透明度和合法性，也能够锻炼学生的法律思维和独立判断能力。

另外，加强高校学生的法律意识教育还有利于为高校学生打下坚实的法律基础，并使他们养成良好的学法、守法和执法习惯，这样，学生不仅学会了如何遵守法律，更重要的是学会了如何理解、适应和运用法律，此举不仅为他们未来发展提供了坚实支持，也为社会法治化建设提供了有益的人才支撑。这些经过法律意识教育培养的学生，将具备更好的法律素养和公民意识，能够在各自领域内遵守法律、守护法律，成为社会法治建设的积极推动者和示范者。

2. 完善高校有关学生管理的规章制度

高校学生管理规章制度的修订与完善是一个需要高校学生教育管理工作者仔细斟酌的过程，其修订的主要依据应当是国家的法律法规，这不仅是体现了高校学生教育管理工作者国家法制的尊重，体现了高校学生教育管理工作者对高校学生作为国家公民应当享有宪法赋予的基本权利的充分考虑。在这个过程中，高校学生教育管理工作者需要认真审视现有规章制度，确保其在法治轨道上运行，并与国家法律法规保持一致。同时，高校学生教育管理工作者也必须充分考虑高校学生的基本权利，确保相关规定不侵犯其基本权利，这意味着高校学生教育管理工作者需要关注法律法规的动态变化，及时进行修订和完善，以适应高校学生教育管理的新形势。

在完善高校学生管理规章制度的过程中，高校学生教育管理工作者必须充分认识到国家的有关法律法规往往是原则性的条款，需要在实际执行中进行细化。在细化过程中，高校学生教育管理工作者需深刻理解法律法规的本意，确保细化的规定符合法治原则，既有助于高校学生教育管理工作者有序管理学生，又不侵犯学生的基本权利。此外，高校学生教育管理工作者应当充分考虑专业法律顾问的意见，确保规章制度的细化是符合法律要求的，从而防范潜在的法律风险。

此外，为了确保高校规章制度的科学性和合理性，以及促进学生自觉履行相应义务，高校出台规章制度应该遵循一定的民主程序，这些民主程序包括广泛吸纳各方代表参与讨论、通过多方协商形成共识等。在制订这些规章制度的过程中，各方代表的参与能够提供不同的视角和建议，有助于确保规定的全面性和合理性。此外，在正式施行规章制度之前，可以通过一定阶段的试运行来进行实际效果检验。这可以发现规章制度在实际应用中可能存在的问题，并在此基础上对这些规章制度进行修改和完善。最后，在正式施行规章制度之前，应当通过公告等方式将规定告知全体学生，确保学生对相关规定有充分了解，为学生提供更明确的指引，从而使学生更自觉地履行相应的义务。

完善高校有关学生管理的规章制度最终目标是确保高校学生管理规章制度的权威性，这需要将法治意识深入根植于高校学生教育管理者和学生群体中，使法治观念贯穿于学生管理的方方面面。通过这一过程，高校学生管理规章制度能够更好地为学校和学生提供明确的行为准则，维护学生管理规章制度的公平正义，促进高校学生管理和谐发展。

（三）搭建困难学生资助平台

“奖、贷、勤、补、减、免”是高校学生经费管理中的重要内容，随着近年来教育贷款的成熟，相当数量的困难家庭学生通过贷款解决了个人的学费和生活费问题，学校增设的勤工俭学岗位又帮助他们解决了生活费用的不足。近年来随着国家对教育投资的增加，学生奖学金提高比例增速很快，大量学习优秀的学生因此得到了奖励，困难家庭学生得到了国家的资助，使困难家庭学生不再因为经济状况的窘迫输在起跑线上，学生的参与意识、竞争意识、自强意识和求学意识都得到了加强。但是如何将有关经费科学、合理地奖励和资助到学生身上，最大限度地发挥这笔经费的鼓励作用，体现了一所高校的管理思想和水平。

第二章　新媒体视域下高校学生管理手段和高校辅导员工作

本章为新媒体视域下高校学生管理手段和高校辅导员工作，主要围绕新媒体视域下高校学生管理手段、新媒体视域下高校辅导员工作两个方面展开论述。

第一节　新媒体视域下高校学生管理手段

一、利用QQ开展高校学生教育管理工作

随着网络技术的不断发展和更新，人与人之间的关系在网络的连接中发生着不同的变化，在各种各样的网络通信工具开始流行，其中最常见的网络通信工具就是QQ。随着网络的不断推广与发展，以及技术的不断进步，QQ一经面世就受到了广泛的好评，再加上QQ自身的不断进步和持续更新，让人与人的沟通更加方便直接，特别是后来出现的QQ群，为集体活动的开展提供了有效途径，随之而来的就是大量的、各种各样的QQ群的建立。这种聊天室形式的联络方式让天南海北的人们能够更加便捷的基于共同的兴趣而展开讨论，他们可以在其中进行信息、意见的交流和沟通，也可以对共同关注的问题进行讨论。现在，各高校和社会团体，都在不同层次上建立了自己的QQ群，大家可以在群里进行信息共享、资源共用。当在该QQ群内的成员一旦看到群里的信息，就可以根据信息表达自己的意见和看法。这对于高校学生教育管理工作者而言是非常方便的，根据群里不同学生的意见，高校学生教育管理工作者可以对学生思想状况有一个非常透彻的了解，并更有针对性地对学生采取管理措施，使尽可能地把高校学生教育管理工作做到最好。

当高校学生教育管理工作者建立专门的QQ群时，这就意味着他们拥有了属于自己的工作交流平台。一方面，QQ群可以使高校学生教育管理工作者在群内

迅速推广好的工作经验，提高业务水平。另一方面，在面对一些令人头疼的问题时，高校学生教育管理工作者有可能在群里找到更多解决问题的办法，达到集思广益的效果，通过对问题的共同研究和探讨，达到最终解决问题的目的。另外，专属QQ群是高校学生教育管理工作者自己的家，高校学生教育管理工作者可以在QQ群内抒发情绪和压力，并从中得到慰藉、理解和支持。QQ群成员之间还可以增进彼此间的了解，有利于高校学生教育管理工作者之间实现广范围的合作。因此，通过高校学生教育管理工作者QQ群这个平台，高校学生教育管理工作者开阔了眼界，不再局限于单干、闷干和苦干，并提高了其教育管理效率。

（一）在高校学生教育管理工作中利用QQ群的益处

1.及时掌握教育对象的思想动态

在传统的教育与管理模式中，很多高校学生在与高校学生教育管理工作者进行沟通的时候都会有这样的顾虑或现象，那就是“门难进，口难开”，他们感觉自己与高校学生教育管理工作者存在一种隔阂，这种隔阂让他们很难与高校学生教育管理工作者进行顺畅的沟通。这种情况在QQ群里就能得到有效解决，高校学生既可以选择所有成员可见的方式，也就是群聊的方式对高校学生教育管理工作者进行意见的表达，也可以利用私聊也就是一对一的对话方式来表达自己的意见和看法，这种沟通方式还有一个优点就是不限沟通的方式和地点，具有更高的自主性。

通过这样的沟通方式，学生和高校学生教育管理工作者，都被赋予了极大的自由空间。对于高校学生教育管理工作者来说，某种程度上减轻了他们的工作压力。由于师生之间的及时沟通，问题通常能得到及时解决，自然也就不会造成问题的积压；对于高校学生来说，由于思想问题得到了及时纾解，情感积压、问题堆积的现象自然就不会存在，高校学生因为思想和情绪问题发生不良事故的概率也就会大大降低。此外，通过在QQ群内及时沟通，高校学生教育管理工作者也能及时了解学生的动态，及时调整教育管理思路，方便教育管理工作的继续进行。

2.信息传达的有效性和持久性

（1）有效性

传统的教育和管理模式更多地依赖于管理团队，信息传达在管理团队中具有很重要的作用。

这就使高校学生教育管理工作者面临着新的挑战，在融入学生当中的同时，他们还要保留传统的管理方式，并对新事物进行充分的利用和创新。也就是说高校学生教育管理工作者要在保留传统管理方式的基础上，通过在 QQ 群内进行通知、通告和沟通，拉近高校学生与高校学生教育管理工作者的距离，取得的管理效果自然也就完全不一样。高校学生教育管理工作者利用 QQ 群进行高效管理，还有可以对信息进行保存，这是传统管理方式所不具备的一种优点，通过保存信息，群里的人可以在不同时间看到相关的信息，并且，QQ 群的信息传达更具有效性，这种信息的传达不会因为职位或身份的特殊而延迟或消失，所有的学生是在平等的基础上接受信息。这样，学生的话语权就会更大，学生参与高校管理的积极性也会被增强。

（2）信息传达的持久性

在高校管理的过程中，一旦高校教育管理工作者需要向学生传达或了解一些紧急信息，QQ 群就是他们可以利用的信息传达手段之一，不管什么地点，也不管什么身份的人都可以通过 QQ 群进行信息的发布，从而保证了高校教育管理工作者能够及时向学生传达紧急信息。与传统的口耳相传的信息传达方式相比，这种方式显得更加便捷、高效。

在口耳相传的过程中，不管高校学生教育管理工作者怎样对重点进行强调，学生仍有可能会有不同程度的忽略和错过紧急信息。但如果辅以 QQ 群这样的网络宣传方式进行信息传达，高校学生教育管理工作者可以更便捷地强调信息的重要性，学生可以不限时间和地点对这些信息进行查阅和了解，这对于高校管理工作是非常有帮助的。

（二）QQ 群空间开展高校学生教育管理的注意事项

1. 实名制建群

高校学生教育管理工作者在建立一些 QQ 群的时候，要充分考虑建立该群的目的，如果建群是为了信息传递的畅通，那么在建立的时候，就要要求群里的成员实名制，这样可以有效避免有些人在 QQ 群内胡乱发布一些虚假信息甚至是病毒。如果建群的目的是方便学生教育管理工作者和学生之间的沟通，则尽量不要实名制，这样就保证了学生的匿名性和隐私性，减轻学生在交流的过程中的顾虑，进而使他们更有可能充分释放自己内心的想法和疑惑，高校学生教育管理工作者甚至可以与某些学生进行一对一的沟通和交流，聆听他们的想法，帮助他们纾解内心的疑惑。这种管理方式不仅充分照顾到学生敏感的心灵，有利于学生心理健康，同时，对于高校学生教育管理工作者来说，这也是让他们能顺利开展工作的一种手段。

2. 高校学生教育管理工作者不必担任QQ群群主的原因

（1）建立QQ群的资格

QQ群的群主应当具备建立QQ群的资格，因为群服务会占用大量的服务器资源，因此深圳市腾讯计算机系统有限公司对建群有严格的要求。目前只有会员和等级在一个太阳以上的用户可以创建群，会员最多可以创建四个群，等级为一个太阳以上的用户可以创建一个群。

（2）管理QQ群的能力

有些高校学生教育管理工作者虽然具备非常高的管理能力，但是他们在网络方面的知识相对比较少，自然也就没有相应的能力对QQ群进行合理地管理和维护。所以，QQ群的群主要拥有管理QQ群的能力。

（3）管理QQ群的时间

由于很多高校学生教育管理工作者不仅仅要对学生进行教育管理，他们还要面临科研和教学方面的压力，他们的时间也是非常紧张和宝贵的，他们可能没有多余的时间和精力来对QQ群进行合理管理和维护。而对于一名QQ群管理员来说，QQ群的管理工作是相对烦琐和复杂的，他不仅要及时删除无用文件以及不良人士，还要能及时发布群公告，让群里的人员能够及时了解和掌握一些重要信息，所以QQ群的群主还是需要有一定精力的人来担任。

3. 传统教育必不可少

QQ群把现实与虚拟、传统与流行科学进行有效结合，使得运用QQ群辅助高校学生教育管理工作成为教育发展的必然趋势。但是，传统教育仍是必不可少的，传统的一些教育渠道仍具有某些不可替代的优势，因此，不能本末倒置，顾此失彼，应该统筹兼顾传统教育与QQ群这类新媒体手段，使之实现优势互补。

二、利用微信开展高校学生教育管理工作

微信是深圳市腾讯计算机系统有限公司推出的一款移动社交软件，微信打破了传统电信通信和移动互联网的界限，以其社交性、便捷性、开放性、自媒体性等优势，迅速吸引了用户的注意力。如何来牵手微信，取利去弊，成为开展高校学生教育管理工作的新课题。

（一）高校学生教育管理工作中微信带来的挑战

1. 微信的产生对高校学生教育管理工作提出的挑战

当前，随着手机的普及，微信已经成为最具开放性和即时性的信息交流平台

之一，其特点在于任何人都能够通过微信，即时传播自己身边的第一手信息。这种开放性和即时性满足了青年人日益增长的信息获取和分享需求，年轻人借助微信能够迅速了解身边发生的事情，分享自己的见闻和想法。因此，这种新的传播模式发展迅速，直接挑战了以往主流媒体对信息传播的主导地位，形成了信息传播的全新格局。

然而，这种开放性的传播机制也存在着很多潜在的风险。由于信息传播的速度和范围提升，青年人在使用微信时可能未能充分辨别信息的真实性和准确性，很多信息的来源和真实性未经充分验证，存在着较高的误导性和不准确性，这样的环境可能导致错误的思潮被传播开来。这对年轻一代的信息辨别和理性思考能力提出了更高要求，需要他们更加谨慎地分析从社交媒体获取的信息。

微信传播的即时性让信息在几乎可以在瞬间传遍各个角落，人们对新知识的获取速度大幅提升，但这就导致高校学生教育管理工作者现在面临一个挑战，那就是学生可以通过互联网和社交媒体轻松获取到丰富的信息资源，其中包括最新的理念、新颖的事物和前沿的知识，这使得高校学生教育管理工作者在进行高校学生教育管理工作时，有时候会发现自己教的内容已经过时，或者学生已经比他们更加了解某些领域的知识。更有甚者，高校学生教育管理工作者可能在教学过程中提及一些全新的名词或概念，而这些内容却是他们自己第一次听说。这种情况下，高校学生教育管理工作者的教学内容和学生的知识储备之间存在着差距。因此，高校学生教育管理工作者需要不断更新自己的知识储备，时刻关注最新的信息，以保持和学生的信息同步，并在教育管理过程中更好地与学生进行交流和分享。

2. 微信传播的内容对高校学生教育管理工作提出的挑战

微信作为一种新兴媒介，具有其独特的信息传播特征，即信息呈现更倾向于碎片化和个人化，微信能够传播的信息内容主要包括个人生活琐事分享、新闻事件的快速推送以及关注持续发展的事件进展等。但由于每条微信信息都是相对独立的，因此，它难以承载大量、全面的信息。这种碎片化的特性可能导致微信传播的信息与教育者传递的信息存在着显著差异，高校学生教育管理工作者在教学中强调系统性、完整性和深度的知识传递，而微信所传播的信息则更偏向于即时性和片段性，难以提供完整的知识结构和深入的内容。由此，教育对象可能因为接收到的信息碎片与高校学生教育管理工作者所传递的知识之间存在不同而产生认知上的冲突。这种冲突可能导致教育对象产生困惑、混乱，甚至怀疑高校学生教育者管理工作者传递的信息。在信息碎片化的环境中，高校学生教育管理工作者需要更多地关注和理解学生接收信息的方式，并通过系统性、深入的教育方法，帮助学生理清信息碎片背后的完整知识，以避免学生产生思想混乱和逆反情绪。

3. 微信传播的方式对高校学生教育管理工作提出的挑战

微信作为一种新兴的信息传播形态，呈现出一种独特的传播方式，即裂变式传播。这种传播方式类似于病毒式传播，主要特征是一个个体传递信息给另一个个体或一群人（群聊），而这些信息接收者又将信息传播给更多人，形成信息传递的连锁反应。这种传播方式快速且广泛，极大地增强了人们的表达和分享欲望。

然而，正是这种裂变式传播的特性，使得一些别有用心者在重大事件发生时利用微信平台，刻意夸大、歪曲甚至捏造虚假信息。他们通过传播虚假消息来制造混乱、误导公众，甚至达到某些不可告人的目的。这些虚假信息可能会混淆公众视听，扭曲事实，对社会产生负面影响。

这种现象表明，尽管微信等社交媒体为信息传播提供了便利，但同时也使信息真实性和准确性更加难以辨认。一些虚假信息常常以各种形式在微信等平台上迅速传播，这对公众的认知和社会秩序造成了一定的影响。

因此，如何有效监管和规范微信等平台上的信息传播，阻止网络谣言的迅速传播，现已成为高校学生教育管理工作者亟需思考的现实问题。为此，需要综合考虑技术、法律、道德、教育等多个层面，首先，高校学生教育管理工作者需要思考如何在教育体系中培养学生的信息辨别能力和批判性思维，让学生具备识别虚假信息、甄别真实信息的能力。其次，相关部门和平台也需要采取措施，加强对信息内容的审核和管理，建立起更严格的信息监管机制。通过学校、平台及监管部门的合作，可以营造出一个健康、积极、真实的网络信息环境，这不仅有利于保障学生获取真实、可信赖的信息，也有助于促进社会稳定和秩序的发展。

（二）微信时代高校学生教育管理的策略

毋庸置疑，微信把沟通带入了一个崭新的时代。微信的出现给高校学生教育管理工作带来了新的机遇和挑战，如何面对微信的负面影响并利用微信开展高校学生教育管理工作，是高校学生教育管理工作者亟待解决的问题。

1. 增强学生教育管理的人文性

现如今，微信等社交媒体平台已经成为人们表达自我的重要渠道，个体可以通过分享日常生活、观点和兴趣爱好来展现自己的个性特征。这种环境下，教育不再仅仅是传授知识，更应该是培养学生全面发展的能力。因此，教育界面临着创新教育模式的挑战，高校学生教育管理工作者需要审视并调整教学方法，积极探索教育创新的路径，以适应并引领社会和教育发展的潮流。这种教育模式应更加注重人文性，由此培养有担当、有情怀、有思考能力的综合型人才。

（1）以健康网络文化教育人

网络的迅速发展为高校学生教育管理工作提供了新的平台和途径。通过网络平台，高校学生教育管理工作者可以迅速了解学生的思想情绪、了解他们所关注的重要议题，使双方能够更有效地进行交流和沟通。因此，重视和充分利用信息网络技术是当前高校学生教育管理工作的关键。高校应当注重在网络空间中传播正确、积极和健康的思想、文化和信息，但这就需要高校学生教育管理工作者针对优化师资力量，提升他们的网络传播能力和素质，同时丰富高校微信公众号等网络平台的内容，创新活动形式，使之更加多元化、更加贴近学生需求、更具互动性和吸引力。

通过这些举措，可以增强校园网络文化的吸引力和感染力，让受教育者在网络环境中潜移默化地接受教育。同时，通过这种积极弘扬健康向上的网络文化的方式，有助于提升受教育者的心理素质和自我保护意识，使他们更具有抵御不良信息、积极应对网络风险的能力。这样的网络教育环境将促进学生全面发展，培养他们的独立思考和信息素养，为他们的未来发展奠定坚实的基础。

（2）以解决实际问题来关爱受教育者

高校学生教育管理工作者承担着培养和引导学生成长的重要责任，因此，在高校学生教育管理工作中，高校学生教育管理工作者应该以对待亲人的态度对待广大受教育者，更加注重人文关怀，尊重每个学生的个体差异，充分理解并尊重他们的能动性、自主性和自觉性。为此，高校学生教育管理工作者需要主动关心学生的需求和诉求，以学生的视角出发，及时了解并回应学生最为关注的问题，并以身体力行的方式，真正解决他们所面临的问题，从而成为他们的支持者和引导者。

在对待每一位学生时，高校学生教育管理工作者必须保持平等和公正，不偏不倚地对待每个学生。同时，高校学生教育管理工作者不仅要在学业上指导学生，更要在心理和情感层面上关注学生，在他们需要倾诉时耐心倾听和给予建议，在他们遇到困难时提供真诚的关怀和支持，在他们面临困境时提供实际的帮助和指导。这种亲如亲人的态度和关怀，能够为学生提供更温暖、更包容的成长环境，鼓励他们积极面对挑战，培养其自主学习、自我管理的能力，为他们的全面发展和未来的成功奠定坚实的基础。

2. 增强高校学生教育管理工作的科学性

（1）加强对网络文化的监管

在当今微信时代，开展高校学生教育管理工作需要除了坚持传统的教育主渠道和主阵地外，还必须加强对网络教育阵地的建设，这包括及时关注受教育者在虚拟网络空间中的思想动态，掌握其思想中的热点问题，提高对信息的敏锐度和洞察力。只有在这样的基础上，学校和教育机构才能够在微信等平台上发现问题并及时解决，真正达到教育的功效。

因此，加强对网络文化的监管势在必行。微信等社交平台作为信息传播的新渠道，其内容多种多样，可能包含有利于学生发展的信息，也可能存在不良信息。所以，高校学生教育管理工作者应当强化对网络文化的监管，确保学生接触到的信息符合高校教育导向，有益于其全面成长。

（2）采取有效措施

面对海量网络信息，高校学生教育管理工作者需要采取有效措施来管理和引导信息的传播，而建立“微信”平台恰恰是一种切实可行的手段。对此，要先建立一支专、兼职微信信息员队伍，这个队伍需要具备信息敏感性和专业性，能够迅速准确地了解微信平台上的信息传播情况，并及时应对这些信息和对信息传播做出正确引导。同时，该队伍还需要负责微信群的组建与管理、信息发布的规范与审核等方面的工作。通过建立规范的管理体系，高校学生教育管理工作者可以防范信息泄漏、不当言论等问题出现，保障微信平台的安全有效运行。

总体而言，随着微信等网络平台的大范围普及，高校学生教育管理工作者需要不断更新自己的认知，紧跟科技发展的步伐，充分认识到网络平台在教育中的作用和影响。在这一过程中，高校学生教育管理工作者应当主动参与网络平台，积极与学生互动，了解他们的需求和关注点。通过在网络平台上发布有益的信息，高校学生教育管理工作者可以更好地引导学生的思想，使他们形成积极向上的价值观和良好的行为习惯。同时，为了更好地适应网络时代的教育管理需求，高校学生教育管理工作者需要建立规范的网络管理制度，强化信息安全和隐私保护，提高自身在网络素养和信息识别能力等方面的能力。通过制订明确的管理政策和标准，高校学生教育管理工作者可以更好地引导和监控网络空间中的教育活动，顺利完成高校学生教育管理工作。

第二节　新媒体视域下高校辅导员工作

一、新媒体视域下高校辅导员职业能力的构成

新媒体的普及运用直接冲击影响高校校园环境和高校校园环境中的人，高校学生作为时尚的引领者，受其影响最大。作为高校学生的辅导员，肩上的教育责任更大、更重，环境和教育对象的同时改变对辅导员自身的素质要求也更高，辅导员除了要具备传统媒体下教育具备的思想政治教育能力，专业指导能力之外，还应该具备符合新媒体时代特点的外延能力，如网络契合力、媒介应用力、学习创新力等。

（一）网络契合力

网络契合力是当前时代辅导员应具备的能力，它要求辅导员在工作中积极培养和发展网络意识，对学生的网络动态和网络行为进行持续关注，深入了解学生在网络空间中的活动和交流，并及时发现并帮助学生解决潜在问题，使辅导员所做的思想政治工作更加贴近学生的实际需求。近些年，网络迅速普及，网络的自由时间和虚拟空间是高校学生的另一片广阔天地，很多学生在网络上彰显自身本色，也会在网络影响下发生思想上不为人知的变化。如今高校学生热衷于将自己的真实状态更新在QQ、微信、人人、博客、微博上，辅导员要时时留意观察，一旦发现不良苗头，要及时引导和疏导学生的情绪。辅导员应养成每天关注时事要闻和各高校的贴吧、论坛等平台的习惯，从中了解和掌握学生关注关心的话题和焦点作为信息储备，以便更好地有针对性地开展与学生沟通和引导学生的工作。同时辅导员要倡导主旋律，主动发布关于国家大政方针，关乎社会、学校的权威信息，占据信息发布制高点，面对言辞偏激的学生，辅导员要因势利导，把握好话题讨论的尺度，引导学生从积极正面的角度看问题，以免网络舆论危机演变成现实中的校园危机事件。高校学生是网络媒体的主要受众，也是其中最活跃，最敢于传播信息的受众群体，青少年的健全人格是在对社会和外部要求的不断试探和选择中形成，因此辅导员的积极关注能够起到一定的促进作用。高校辅导员要积极关注和研究新媒体，对于学生的思想行为变化了然于胸，实现思想政治工作和网络媒体的高度契合。

（二）媒体应用力

目前新媒体属于新兴事物，它也是在不断向更高端发展和升级的，要熟练掌握新媒体的使用方法也并非易事。高校辅导员要具备对新媒体的应用能力，辅导员平时要积极主动投入对新媒体技能学习和运用中去，不仅要掌握基本的技术层面的知识，也要要学会运用新媒体技能解决现实问题。目前大多辅导员都具备较成熟的新媒体技能，但其技能水平仍存在较大的提升空间，如很多辅导员仅将QQ或微信群作为上传下达的工具，使用网络媒体的方式单一，缺乏多样性。当前有部分辅导员从未开通博客和网页，即便开的，也有不少不常使用或极少更新，有的只是偶尔转发别人的文章，原创性较差，主动撰写关于学生的日志、心得或博文更是少之又少，这些都严重阻碍了新媒体在学生思想政治工作中发挥优势。

（三）有意识的研判力

有意识的研判力，通俗地讲就是对情报信息的甄选和辨别的能力。网络世界是各种利益诉求的汇聚地，同时也是各类思想的交汇区，但是，部分学生是非辨别能力较弱，容易受网络不良信息的影响和蛊惑，这将对开展高校思想政治工作和校园的安全稳定产生一定影响。

在信息社会中，媒体传播的信息量庞大，但却可能包含不准确、夸张、片面的内容，因此，辅导员需要通过有意识的研判力，在工作中挖掘和传播真实、可信、有教育意义的信息，以帮助学生建立正确的价值观和世界观。特别是在面对网络流言时，辅导员应深入实证了解，追踪和分析流言的产生原因、传播途径和影响，为学生提供全面客观的信息，避免其受到虚假信息的误导，同时，充分利用班会、校园活动等途径对高校学生灌输我国主流思想，帮助高校学生用辩证和发展的眼光去看待中国国情以及国家在发展过程中遭遇的各种问题和困难，在大是大非面前和对敏感事件的认知上，辅导员要引领网络舆论正能量，维护积极向上的校园氛围。对于正面的主流媒体发布的国内外形势、社会热点、文体新闻、校园资讯等辅导员要做好宣传和引导，使学生获得权威的、真实、有价值的信息内容，淘汰虚假、歪曲、对学生造成负面影响的不良信息。由于工作的特殊性和辅导员自身阅历较之学生更丰富，辅导员应该由对网络信息的无意识关注变为有意识的研判，这也是辅导员职业能力的体现。

（四）学习创新力

新媒体形式的多样化，内容的宽域性，传播的即时性和操作的便捷性使得学生们的知识储备更新更丰富，知识结构也更加合理。作为高校学生思想政治教育的领航人，辅导员也会面临一定的学习创新压力。学习创新力在知识时代就是核心竞争力。高校辅导员要以积极、开放的心态来主动学习新媒体及网络有关的一切理论和实践知识，如新媒体的操作、信息技术的应用、信息传播的规律和特点等，努力探索网络思想政治工作的意义和价值。同时要求辅导员将工作和学习紧密结合，在实践中不断研究和思考，不断创新和突破工作方法，将实践经验整理上升为理论规律，再用理论来指导实践，在学习中实践，在实践中反思，形成良性循环，逐步提升辅导员知识文化素养和科研能力。新媒体时代下，新事物、新信息、新情况层出不穷，加上高校学生具有个性张扬，反权威，反教条等特点，如果辅导员因循守旧，不愿走出传统思想政治教育的条条框框，仅凭经验主义和原有的过时理论，很难对学生进行入理入心的教育引导，辅导员自身的权威、形象、影响力都会大打折扣。因此高校辅导员必须树立终身学习意识，广泛借助新媒体平台，与时俱进整合和利用各种资源，多走出去参加培训，多学习同行的创新方法，优化自身知识结构，将自己变成学习能力强，职业素养高的优秀辅导员，让辅导员工作更有吸引力，更接地气，只有这样，辅导员才能更好地管理和服务于人。

（五）困局处置力

困局处置力即为辅导员对突发事件和危机事件的预见能力、控制能力和善后总结能力。受国内外微妙复杂的社会环境和政治环境的影响，网络也不再风平浪静。有些是非辨别能力弱的高校学生热衷传播“小道消息”和“负面消息”，往往学生普遍喜欢跟风，存在法不责众等心态，一旦有网络“小道消息”出现，就一石激起千层浪，加上这些“小道消息”、“负面消息”可能会引起校园突发事件，而校园突发事件具有传播速度快、波及范围广、事态难以控制、处理棘手等特点，这让突发事件成了一个敏感而严肃的话题，因此，培养和提升辅导员处理突发事件的能力刻不容缓。一旦发生校园危机事件，辅导员往往手足无措，因缺乏必要的应急经验和专业的方案措施，很容易导致事态严重化、夸大化。网络危机实质就是对现实问题的映射，因此辅导员一方面平时要密切留意网络动态和学生的思想动态，充分发挥学生干部、优秀学生的榜样作用和监督举报作用，保障学生信息反馈渠道的畅通，并积极寻找现实根源，能帮助学生解决的问题不拖拉、不敷衍、不积压，充分化解矛盾冲突。另一方面辅导员平时要从多个途径学习对于突发事件的应急技能，多参与相关培训和实战演练。充分认识网络媒体对危机事件的负面影响，网络舆情的表现形式和发生特点，传播趋势有所了解，密切关注网络动态舆情，对网络动态舆情进行准确分析研判，并适时进行引导干预，防止校园突发事件的发生和其影响扩大。维护高校的稳定和安全是辅导员的主要职责，对校园内突发事件的处理能力则是衡量辅导员软实力的一个重要标尺，也是辅导员职业能力的重要体现。

二、新媒体给高校辅导员工作带来的机遇与挑战

（一）高校辅导员工作的机遇

第一，新媒体优化了辅导员的工作方式。首先，在网络环境下成长的新一代高校学生，具有思维活跃、自信张扬、不畏权威的特点，但在各高校开展学生思想政治工作一贯采用的模式还是理论宣讲和解读政治性文件，试图通过这种强制性和单向性的教育模式对学生们进行思想观念的熏陶，很多学生反感甚至抵触这样的教育模式，也很难将在这种教育模式下得到的知识和正确思想内化为现实行动，强制性和单向性的教育模式收效甚微。新媒体平台则使得思想政治教育工作不再拘泥于教室和课堂，辅导员可以采用线上交流互动，给予学生心灵上的震撼和感同身受，这是辅导员进行思想政治工作的又一途径，其教育内容更加直观立体，形式更加新颖生动，符合高校学生心理成长特点，更易于被学生青睐和认可，提升了思想政治教育的亲和力。其次，由于学生受到教师权威的影响，使得师生交流中学生总感觉被动和拘谨，内心表达往往言不由衷甚至失真，严重影响交流效果，而新媒体强化了交流对象的主体性和互动性，辅以诙谐调侃的文本形式，将紧张、失真的交流转化成平等双向的畅所欲言，这种无时空障碍的互动式交流有利于高校学生教育管理工作者准确把握学生的思想和心理。

第二，新媒体丰富了辅导员工作的信息资源。辅导员工作的开展和创新离不开丰富的信息资源。新媒体信息更新速度快、覆盖领域广等特点极大拓展了教育资源的广度和深度，辅导员动动鼠标就可以轻而易举搜集和筛选到自己想要的信息，无论是召开主题班会、组织活动还是网络学习，这些信息资源都可以帮助辅导员大大提高工作效率。传统的思想政治教育教条而呆板，一间教室、一本书、一块黑板便是思想政治教育的主要表达方式，新时期的高校学生无法适应这种毫无生气的教育模式，新媒体可以用音频、视频、动漫等技术使得枯燥乏味的思想政治教育变得生动活泼，趣味横生，大学思想教育课不再无聊，抽象、晦涩的思想政治教育内容也不再那么难懂，新媒体可以让学生在幽默、活泼的情境下不知

不觉接受了辅导员的思想引导和输入。新媒体信息海量而多样，通过网络媒体，辅导员能及时了解到兄弟院校和同行的工作进展及突出成果，有助于鼓励辅导员去学习和参考其他人的工作经验、方法，也有助于激发辅导员的工作灵感，提高辅导员的工作创新性，从而提升辅导员的专业化水平。

（二）高校辅导员工作的挑战

新媒体是高校思想政治教育又一重要媒介，它对高校学生的成长和提升起到了举足轻重的作用，但同时也给高校辅导员工作和职业能力带来了严峻挑战。

第一，新媒体会给辅导员的工作增加了难度。新媒体让一些自制力仍需提升的学生对网络形成依赖，从而影响学生自身的成长和高校学生教育教学管理秩序。新媒体也有可能降低了学生自主学习和独立思考问题的能力，不仅对于学生自学能力、创新能力、分析问题和解决问题的能力形成和培养造成了一定的影响，而且可能会增加班级学风建设的难度。网络世界的精彩纷呈给高校学生提供了学习知识和了解世界的窗口，网络世界里取之不尽用之不竭的信息资源填补了学校书本知识的空白，他们接触的信息量呈倍增加，加上无孔不入的传播渠道，为高校学生提供了多种选择和比较信息的机会，他们视野更加开阔，看待问题的角度和处理问题的方式方法也不再保守单纯，现代的高校学生而更倾向于通过自己的独立判断来对信息进行选择和利用，高校学生教育管理工作者在技术上和信息上的优势和威信已不再，这也大大增加了高校学生教育管理的难度。自从有了网络阵地，新媒体以其虚拟性、隐蔽性、传播快捷性等优势吸引了众多高校学生，学生关注关心时政，对于社会热点和敏感话题敢于直言、评论和转发，因此网络舆情监控又成为辅导员工作的重点和难点。新媒体的信息传播方式是开放的，多元的，各国不同的价值观念和社会文化都会见缝插针传入我国，新媒体便利有效的信息检索，传播和接受信息的平民化使得网络信息的传播和筛选更加难以控制，高校学生正处于世界观、人生观、价值观“三观”形成和稳定的关键时期，但鉴于他们社会阅历不足，涉世未深，难以对错综复杂的信息做出明确的是非判断，辅导员需要帮助学生鉴别正确信息并做好对学生的引导和教育工作，其困难是不言而喻的。第二，新媒体给辅导员自身素养带来了挑战。辅导员在高校学生成长成才道路上扮演着至关重要的角色，新媒体在校园内的普及和被学生广泛应用，对一线学生辅导员的思想政治素养和媒介信息素养提出了更高的要求。新媒体的突出特点是时空交互性和隐蔽性，网络环境中良莠不齐的信息会一起涌入人们的视野，这不仅给辅导员工作带来前所未有的压力、影响高校人才培养目标的实现，也给校园和国家的安全稳定带来了一定影响。因此，辅导员要具备正确而坚定的政治素质以及良好的媒介信息素养，要为学生深刻分析问题利弊，帮助学生认清事物的真面目，有效抵制不良信息的侵扰，并且身正为范，为学生做好榜样示范，培养学生正式认识信息的能力。但是由于诸多因素的影响，高校辅导员对于新媒体技术接受和应用能力仍需提升，有的辅导员在思想上不够重视新媒体，有的辅导员因为精力有限无心研究新媒体的相关知识，还有的辅导员自身理论水平和研究能力较弱，对新技术的学习也较缓慢。而高校学生乐于接受新事物，当他们的生活方式、思维方式发生改变时，辅导员要紧跟他们的步伐，第一时间选择主动学习和使用新媒体，以更快的速度，更高的要求提升自身与新媒体相关的职业能力。

三、新媒体视域下高校辅导员能力提升途径

新媒体的发展是科技进步的标志，高校辅导员既要看到新媒体优势所在，又要正视其不足之处。辅导员应该积极利用新媒体，扬长避短，努力提升自身职业能力，让新媒体成为我们开展思想政治工作的得力手段。提升辅导员职业能力迫在眉睫，这也成为高校学生教育管理工作者的重要课题和任务。

（一）拓宽辅导员网络工作平台

高校辅导员要具有较强的职业思想，针对工作中出现的新问题，辅导员要主动学习相关知识，积极寻找解决方法，并将从这些问题中总结出的问题处理经验运用到工作实际中。辅导员要积极探索和尝试新媒体环境下高校学生教育管理工作的新思路和新方法，敢于突破常规，创新思想政治教育的形式和内容，使新媒体和传统媒体实现优势互补，拓宽辅导员网络工作平台，不断巩固高校学生思想政治教育的网络化和信息化建设的成果。

首先，辅导员要开辟网络阵地，实现网络教育管理与传统教育管理相结合。网络媒体受到了高校学生群体的追捧关注也是他们生活必不可少的，辅导员要充分利用这一有利条件，形成敏锐的互联网思维和网络平台思维，通过网络多终端应用来丰富思想政治教育的内容和方法。辅导员要通过实地调查，了解学生最关注的和经常参与的网站、微博、微信等，了解学生对于国内外局势、社会现状、学校学习、就业等现实情况的真实观点和感受，把握他们真实的内心世界，有目的、有步骤地对学生进行行为监管和思想引导。同时在现实中采用主题班会、社会实践、榜样示范、专题报告、文娱活动等形式强化思想教育的实效

性。辅导员也可以开辟微博、博客、网络主页和微信公众号并公布给学生，这些平台可以分门别类划分为思想政治教育、日常信息发布、社交沟通等版块，平台内容多为学生思想、学习、深造、情感、就业、安全、人际交往等与学生切身利益相关能引起学生思想共鸣的信息。辅导员平时可以撰写有真实原型的思想政治案例文章，然后发表在各媒体平台上，有困惑或有类似经历的学生读后会感同身受，更易受到感染和启发，也有利于通过真实案例提高了学生分析和解决实际问题的能力。辅导员也可以转发学校重要资讯和文件通知，并用贴近学生的言论进行表述和评析，并积极与学生进行线上互动交流，第一时间掌握学生思想动态。辅导员要有条不紊开展网络思想政治工作，不断提升自身适应新媒体时代的素质和能力。

其次，辅导员要加强媒体交流，与学生建立网络友谊。辅导员需要充分了解和掌握学生的网络交流方式，并建立个人专门的工作网站，通过这个工作网站向学生公开个人的工作日志、邮箱、电话、QQ、微信等，定期或不定期与学生进行网络沟通，及时回复学生的求助邮件和留言。辅导员和学生采用这种非正式方式交流时，辅导员要避免使用政策性、官方性的说教，多采用民主互动、幽默诙谐、循序渐进的方式方法，将思想政治理念和人文关怀传递给学生，通过平等友好的交流，让学生感受到辅导员对自己的尊重和关爱，使他们更加放松，更容易对辅导员坦诚相待，实现心灵上的交流。不同于传统的班会、座谈会和面谈，学生更乐意并敢于借助新媒体表达自己的真实观点，辅导员也更容易通过新媒体准确把握学生真实的思想动态和行为动机，从而实现对症下药，提高思想政治教育的目的性和针对性，引导学生树立坚定的理想信念，帮助学生明确人生方向，同时辅导员也能和学生建立稳定而亲近的网络友谊，提升辅导员的媒体形象和人格魅力。

最后，辅导员要迎合新媒体趋势，定位服务育人的教育导向，转变个人的工作思维。新媒体的迅猛发展不仅要求高校思想政治教育进行变革，也同时要求辅导员必须摒弃权威至上的传统管理理念，转变高高在上的教育者和管理者的权威身份，放低身段，以平等的姿态和关爱的情怀对待学生，充分将管理、教育、服务融合在工作中，让学生在被尊重被认可的氛围中健康成长。新媒体对高校环境的影响，使得校园呈现多元氛围，传统的、居高临下的教育和管理方式已经不适用于新媒体时代。辅导员要有强烈的服务意识，要准确分析新媒体对高校学生群体产生的负面影响，并对新媒体时代辅导员工作中出现的新情况和新趋势进行全面了解，发挥网络思维，丰富思想政治教育的内容，紧密结合高校学生的使用新媒体的习惯特点，及时对教育管理的方法措施做出调整，将服务育人的理念不折不扣融入学生工作的方方面面。服务学生，关爱学生，和学生一起成长，这些都是辅导员义不容辞的义务，是辅导员最基本的职业修养，也是符合辅导员职业发展要求的基本素养。

（二）强化辅导员媒介素养

辅导员媒介素养是辅导员获取媒体信息、解读媒体信息和应用媒体信息的能力。在网络情境下，辅导员媒介素养是辅导员开展高校学生思想政治工作的重要保证，辅导员的网络思想教育能力也是衡量其职业能力高低的重要体现。首先，辅导员应学习媒体网络应用技术。辅导员要想提升职业能力，把网络思想政治教育开展得有声有色，辅导员必须具备一定的网络常识，既要了解高校学生使用新媒体的特点，与高校学生保持步调一致，知己知彼才能和学生产生共同语言；又要学习掌握一定水平的信息化技术，熟知各媒体终端的类型和使用方法，如办公软件应用、网页设计和制作、网站平台的建构和维护、通信工具的使用等；同时辅导员要具备时事敏感性，密切关注教育、民生等国家大事。这一切辅导员都可以通过自学、参加培训、向同事学习，甚至向自己的学生学习等途径来增强自身的媒介素养，争取做到互联网应用无盲点。其次，辅导员要学习相关的网络法律法规。辅导员可以利用业余时间通过书本、网络或培训等方式学习与网络相关的法律法规，树立网络法律意识，引导和规范学生网络行为。最后，辅导员要重视对马克思主义理论的学习。无论辅导员是不是思政“科班”出身，都应该重视对马克思主义理论知识的深入学习。这样辅导员就能结合思想政治教育工作的性质、任务、特点，用马克思主义理论指导思想政治教学工作，不断提高自身综合素质，以便于更好地履行职责。辅导员只有打好深厚的理论基础，才能用科学的方法论指导高校学生网络思想政治教育工作。

互联网的出现不仅改变了传统校园的生态环境，也使校园传统层级化管理面临着一定程度的挑战。因此辅导员要主动加强对网络知识、网络法律法规和马克思主义理论的学习，优化自身知识结构，拓宽眼界视野，不断提升职业能力和开展网络思想政治教育的实效性。

（三）完善高校辅导员工作制度

第一，高校辅导员的培训要系统化和常态化。辅导员作为学生思想领路人和人生导师，需要在方方面面给予学生指引和教导，因此辅导员应当具备多学科、多领域的知识技能，辅导员不仅要具备思想政治教育的基本业务理论，还应掌握传播学、信息学等新媒体相关知识，以应对新环境和管理对象的改变。目前，各高校辅导员大多数已经基本掌握网络的基本常识，但能熟练将网络常识运用于工作中仍较少，能利用新媒体将高校学生教育管理工作开展得风生水起的辅导员更是凤毛麟角，究其原因还是很多高校不够重视，规划不够周全，教育相关部门或者高校缺乏系统化、科学化、常态化的培训体系，这些都有可能制约高校思想政治教育工作的实效性。高校可以将辅导员的网络素质培训和训练作为辅导员职业能力培训的重要部分，利用周末、假期甚至脱产形式对辅导员进行专项培训。培训应该遵循从基础性为重点的原则，多层次、多方向对辅导员进行培训。要避免为了应付任务出现培训方案敷衍，一视同仁“一刀切”培训模式等问题，而应针对辅导员队伍中存在的薄弱或瓶颈方面开展专项培训，比如，针对多媒体网页制作、博客的写作和传播、高校论坛的开辟和管理、微信公众号的建立与运用等开展培训，辅导员可以根据自身的实际需求、不足和兴趣爱好选择参与不同的专项培训，弥补自己的短板，也可邀请相关专业或领域的专家学者对辅导员进行授课示范或组织辅导员参与专题讲座，学习大众媒介基本理论知识、媒介运营的基本流程和媒介传播的基本原理等知识，增加辅导员学习新媒体的理论认识和学习信心。对于信息能力薄弱，学习能力仍需提升的辅导员，高校要及时给予他们帮助指导，同事或同行间互帮互带，共同提高，努力提升辅导员整体信息化水平。辅导员职业能力的提升并非一朝一夕之间就可以实现的，根据现实情况，及时调整和完善培训课程内容和培训方式，高校不仅需要将辅导员的各项培训做到系统化，更要常态化，持之以恒，才能实现辅导员队伍建设可持续发展。

第二，要从全方位、多维度对高校辅导员进行评价。现今部分高校对辅导员的工作评价重结果轻过程，而最后考核结果也基本和辅导员的评奖评优、职称晋升相挂钩，这种评价体系虽然能在一定程度上反映辅导员的工作质量，但这种表面上看起来量化、规范化和精确化的指标已然不适应新媒体时代高校辅导员的工作实际，严重削弱了辅导员的工作激情。鉴于辅导员工作的特殊性，其工作评价体系和评价维度应是全方位、多角度的。对于辅导员的评价，可以从其日常工作职责履行、学生的帮助与引导、自身的发展与提高三个维度、十一个评价指标（工作考勤、学生评价、同行评价、领导评价、学风建设、心理辅导、学业辅导、就业辅导、工作研究精神与能力、职业与职称发展、健康状况与精神面貌）出发，更加合理地评价辅导员的工作。高校可以将辅导员媒介素养列为辅导员年终评优和晋升考核的重要指标，依据辅导员一年来利用新媒体开展思想政治工作的频率和质量来对辅导员进行权衡奖励，对于在这方面做出突出成绩或有创新案例的辅导员，高校和教育界应将其作为典型学习榜样，以供其他同事或同行学习和参考。考核辅导员工作，除了应该评价辅导员能否完成各职能部门下达的常规任务、完成效果如何之外，还应该评价辅导员对学生的学习、心理、就业等方面的辅导效果，辅导员自身的学术和科研能力、媒体信息素养、工作的投入度、工作的激情和精神面貌、学生的满意程度、职称发展等都应被纳入评价体系内。这种全面的评价体系将极大地增强辅导员的工作热情，为实现辅导员最高职业目标夯实基础，也是提升辅导员职业能力和辅导员队伍软实力的重要举措。

第三章　新媒体视域下高校学生思想政治教育

本章为新媒体视域下高校学生思想政治教育，依次介绍了新媒体视域下高校学生思想政治教育面临的挑战、新媒体视域下高校学生思想政治教育对策、新媒体视域下高校学生思想政治教育创新思考三个方面的内容。

第一节　新媒体视域下高校学生思想政治教育面临的挑战

在新媒体飞速发展的新时代，当代高校学生思想政治教育面临的机遇与挑战并存，以信息技术为依托，新媒体的进步全面推动了政治、经济、社会、文化等领域的纵深发展，但同时也为当代高校学生思想政治教育带来了一系列挑战。

一、新媒体使思想政治教育难度增加

高校学生思想政治教育的内容包括对学生进行世界观、人生观、价值观以及政治、道德与法制观念的教育。新媒体时代，校园信息传播失去了时间空间的屏障，信息使用发布的自由化程度加深，这便给了一些腐朽落后的负面思想文化以可乘之机，这些负面思想文化打着反马列主义、反社会主义的旗号，利用新媒体平台进行传播，妄图使高校学生的观念发生扭曲，给当前高校学生思想政治教育带来了许多新挑战。通过新媒体传播的消极信息复杂多变、可控性较弱，易对高校学生的道德认知及理想观念形成渗透，并由此动摇高校思想政治教育的效果。新媒体信息传播具有一定程度上的负面影响，这不仅提升了思想政治教育工作的难度，同时也抵消了传统思想政治教育的部分效果，从而给高校思想政治教育工作鸣响了警笛。

二、新媒体易引发高校学生人际信任危机

手机短信、互联网、移动电视、数字广播等新媒体形式都带有很强的互动性

与虚拟性，在新媒体的平台上，高校学生以“隐姓埋名”的方式进行交流，角色的虚拟性与交流的间接性使他们更容易卸下责任感的负担，因而他们的言论也就无所禁忌，也无需为自己言论的真实性负责，更有甚者还不知所谓地对虚假言论给予了充分认可。同时，也由于这种虚拟性，使得一些学生对他人真诚性产生怀疑，从而阻滞其社会人际关系的良性发展。

三、新媒体发展凸显现有思想政治教育滞后性

当代高校学生思想政治教育面临着崭新的新媒体时代背景，新媒体信息技术的迅猛发展，模糊了真实社会与虚拟社会的界限，新媒体过于直接的认知方式从根本上改变了人们的认知体系，一些高校学生的独立性认知在不知不觉中被剥夺，他们被动地接受了虚拟时空形式的存在，并渐渐迷失了自我理性。然而，面对新媒体的这种挑战，现有高校学生思想政治教育的发展速度却远远跟不上新媒体时代的发展步伐，由于相关理论实践研究缺乏前瞻性，当代高校学生思想政治教育的教育环境、教育制度、教育理念、教育形式等维度已呈现出一定的滞后。

四、新媒体对思想政治教育者的媒体素养提出要求

新媒体时代的高校学生对新生事物往往有着强烈的好奇心和天然的认同感，这使他们成为新媒体首批接受者、使用者及推广者，而思想政治教育者则相对处于信息天平的另一端，在过去较封闭的条件下，他们活动的范围有限，视野、思维与高校学生相比难免略显狭隘，就当前的情况而言，部分思想政治教育者目前面临着技术水平和观念更新等方面的挑战，他们可能缺乏对新媒体技术的充分认识和运用意识，导致他们在面对快速发展的数字化社会时难以适应。因此，高校需要构建一支高水平的网络教育专业队伍，这意味着思想政治教育者不仅需要具备扎实的学科知识和高水平的思想政治素养，同时还应该具备对新媒体技术的深刻理解和灵活运用的能力，从而能够紧密关注学生的需求和新媒体的发展趋势，更好地进行思想政治教育。

高校思想政治教育工作要充分关注网络新媒体的影响，主动研究、使网络新媒体为思想政治教育和高校的工作服务，不断丰富工作的新手段，开辟育人的新空间。为此，思想政治教育者必须充分利用新媒体技术把挑战转化为机遇，以积极的态度和创新的精神进一步做好高校学生思想政治教育工作。

综上所述，在新媒体时代，互联网已经成为思想文化信息的集散地及社会舆论的放大器。新媒体对高校学生思想政治教育而言是一把“双刃剑”：一方面新媒体为高校学生思想政治教育创造了良好的机遇；另一方面新媒体对高校学生思想政治教育的控制力、辨别力、引导力和主导力提出了新的挑战。为此，全面分析新媒体对高校学生思想政治教育的影响，积极探讨高校学生思想政治教育的对策创新，将有助于提升当代高校学生思想政治教育的整体水平，增强高校学生思想政治教育的实效性。

第二节 新媒体视域下高校学生思想政治教育对策

一、坚持思想政治教育科学的原则

为了在新媒体环境下加强和改进高校学生的思政教育，思想政治教育者需要遵循科学的原则。这些原则是基于原理和规律，是实现教育目标的基础，也是制订和实施教育对策的理论依据。在进行高校学生思想政治教育时，思想政治教育者应当采用灵活多样的教育方式，以适应新媒体时代的变化。所以，思想政治教育者在进行思想政治教育时应当注意以下基本原则：

（一）开放原则

新媒体的广泛传播特性对高校学生思想政治教育产生了深远的影响。为了更好地适应时代的发展和学生的需求，高校学生思想政治教育必须采取开放的态度。这种开放涵盖了两个方面，一方面开放新媒体资源，另一方面是开放新媒体环境。开放新媒体资源是利用新媒体的吸引力，提供积极的教育内容，帮助高校学生明辨信息真伪，坚定社会主义信念和共产主义理想。这需要思想政治教育者积极收集和整理新媒体上的各种资源，包括新闻报道、社交媒体上的评论、网络论坛讨论等，思想政治教育者通过分析和解读这些资源，引导学生理性看待社会现象，正确认识社会问题，增强他们的社会责任感和历史使命感。开放新媒体环境是要营造民主平等的交流氛围，通过平等对话增进与学生的思想与情感沟通，提升教育效果。这需要思想政治教育者放下身段，以平等的态度和学生进行交流，尊重他们的意见和看法，听取他们的声音，引导他们在独立思考中形成正确的价值观和人生观。同时，思想政治教育者还要善于运用新媒体技术，如社交媒体、在线论坛等，开展和学生的线上交流和互动，打破时间和空间的限制，拉近与学生的距离。这样做不仅可以提高思想政治教育的质量和效果，还可以帮助学生更好地适应社会的发展和变化，成为具有社会责任感、历史使命感和正确价值观的优秀人才。

（二）正面引导性原则

高校学生群体作为新媒体信息舆论的重要参与者，其言论和观点对社会具有深远的影响。因此，对他们的信息舆论进行控制和引导显得尤为重要。为了增强高校学生对正面言论的积累与共鸣，思想政治教育者应积极采取措施，以科学理性的态度引导高校学生群体，帮助他们正确看待社会现象，避免被负面舆论误导。

首先，设计引导议题是一种有效的正面引导方法。思想政治教育者通过选择与高校学生密切相关的话题，如学业、就业、人际关系等，引导他们进行积极思考和讨论，从而形成积极正面的言论氛围。其次，培养博客用户群中的正面言论意见领袖也是关键。这些人可以影响其他高校学生的观点和态度，通过他们的积极正面引导，可以优化网站的微观把关和议程设置，进而实现对博客内容的正面引导。此外，思想政治教育者还可以通过参与微博讨论、撰写网络文章等方式，发挥自己的影响力，传播正向言论。

二、培养学生的媒介素养能力

新媒体已经成为高校学生生活中不可或缺的一部分，它的影响是深远的，新媒体为高校学生打开了一扇通向世界的窗户，让他们能够更方便地获取信息、交流思想。然而，高校学生对新媒体的使用给他们也带来了一些负面影响。过多的信息可能导致高校学生的独立思考能力下降，这给思政教育带来了巨大的挑战。为了应对这一挑战，我们需要加强对高校学生媒介素养能力的培养。这包括培养高校学生对信息的辨识能力、培养他们批判性思考的能力，让他们能够独立思考问题；培养他们正确使用新媒体的习惯，让他们能够更好地利用新媒体的优势来丰富自己的知识面。

在信息化时代，媒介素养不仅要求高校学生能够批判性地分析和解读媒介信息，还要求他们能够利用信息技术制作自己的信息内容。这样可以培养他们的独立思考和判断能力，同时增强高校学生对负面信息的抵御能力。培养高校学生的媒介素养能力不仅仅是为了让高校学生更好地理解和应对媒体信息，更重要的是通过这种教育，高校学生可以更好地利用媒体资源，为自己的成长和发展助力。通过接受媒介素养教育，高校学生可以学会如何更好地利用媒体资源，发现并解决自己在信息处理方面的问题，提高自己的学习效率。同时，他们也可以通过媒体资源拓展自己的知识面，了解不同领域的知识和信息，为自己的未来发展打下坚实的基础。为此，思想政治教育者可以采用以下措施：

（一）加深学生对传播媒介影响的认识

加深学生对传播媒介影响的认识，对于更有效地实施思想政治教育具有至关重要的意义。在当今信息化社会，传播媒介无时无刻不在影响着我们的生活，尤其是对于正在成长的高校学生群体。这种影响并非直接的、即时的，而是间接的、长期的、潜移默化的。高校学生接触传播媒介是基于某种“媒介需要”，这种需要可能源自对知识的渴望、对社交的需求，或是仅仅为了寻找一种消遣和放松的方式。他们选择接触哪些媒介，以及从这些媒介中获取哪些信息，往往取决于他们的个人兴趣、生活环境和心理状态。例如，对于那些希望拓宽视野、增长见识的高校学生，他们可能会选择阅读具有深度的新闻杂志或学术期刊；而对于那些追求娱乐和轻松的高校学生，他们则可能更倾向于观看电影或浏览社交媒体。不同的生活环境下的人会有不同的媒介需要和接触经验。来自富裕家庭的高校学生可能从小就接触各种先进的电子设备，能够灵活运用各种新媒体进行交流和学习；而来自困难家庭的高校学生可能接触的媒介种类和数量都相对有限，对于新媒介的接受程度也可能尚在提升中。这种差异导致了不同的高校学生会对不同的传播媒介产生不同的依赖程度和受到不同的影响。人们对传播媒介的作用、性质和影响存在误解，往往夸大或忽视传播媒介的影响。事实上，传播媒介对高校学生的影响并非简单的由传播媒介本身决定，而是与个人的认知结构、态度、个性、价值观以及生活环境密切相关。一个积极乐观的人在面对负面信息时，可能会采取批判性的思考方式，而一个消极悲观的人则可能会轻易被负面信息所影响。

（二）引导学生提高对传播媒介的批判与鉴赏能力

作为现代社会的知识分子，高校学生接触到的信息越来越丰富，传播媒介逐渐成为他们获取信息的主要途径。然而，传播媒介所传递的信息并不总是反映现实生活的全貌，有时甚至会误导高校学生对现实生活的理解。因此，高校学生确实需要掌握与传播媒介有关的知识，提高对传播媒介的批判与鉴赏能力，明白媒介信息与现实生活的区别。在解读媒介内容时，高校学生需要学会分析、解构，以客观、理性的态度来判断媒介信息的真实性和价值。同时，对于网络上的各种资源，他们也需要具备判断其权威性和可靠性的敏锐洞察力。这样，高校学生才能更好地筛选、吸收和消化信息，避免被错误或片面的信息所误导。在建构主义理论的指导下，思想政治教育者应鼓励高校学生发挥主动性，利用各种传播媒介资源进行自我学习和思考。通过与传播媒介的互动，高校学生可以接触到各种不同的观点和思想，从而拓宽自己的视野，丰富自己的知识体系。在这个过程中，高校学生不仅能够获得知识和技能，还能提高个人的批判性思维和独立思考能力。这样培养出来的高校学生，才能够更好地适应复杂多变的现代社会，为未来的挑战做好准备。

（三）发挥课堂教育的作用

高校学生将在校园内度过大学阶段的大部分时间，接触各类新媒体，因此他们需要具备一定的媒介素养，以更好地理解和使用新媒体。为了帮助他们提高这一能力，思想政治教育者应该在课堂教育中引入媒介素养教育课程。目标是培养学生的批判性思维和独立思考能力，使他们能够正确地评估和理解在新媒体中获得的信息，从而做出明智的决策。具体来说，媒介素养教育课程的教学目标包括但不限于：了解媒体的类型、特点和运作流程；识别新媒体信息中存在的偏见和刻板印象；掌握如何判断信息的真实性和可信度；了解社交媒体等新媒体形态的使用规则和风险防范措施。为了实现这些目标，思想政治教育者可以采用多种教学方法，如案例分析、小组讨论和角色扮演等。这些方法不仅可以吸引学生的参与媒介素养教育课程的课堂教育，还能培养他们的团队合作和沟通能力。同时，思想政治教育者也可以借助现代科技手段，如多媒体教学和在线课程等，来丰富媒介素养教育课程的教学内容和形式，提高教学效果。在进行媒介素养教育课程教学时，思想政治教育者可以借鉴国外成功的经验。结合我国高校学生的实际情况和教育体系特点，探索适合我国高校学生的媒介素养教育模式。通过将媒介素养教育课程引入课堂教育中，思想政治教育者可以提高高校学生的媒介素养水平，培养他们正确对待和使用新媒体的能力和态度。这将有助于他们在未来的生活和工作中更好地应对信息社会的挑战，促进他们的全面发展。因此，思想政治教育者应该在学校中积极推广媒介素养教育课程，为学生提供更多学习和发展的机会。

（四）加强高校学生新媒体自律教育

新媒体已经成为现代人获取信息、交流意见、娱乐休闲的重要渠道，尤其在高校学生群体中，新媒体占据了相当重要的地位。因此，思想政治教育者重视并实施新媒体自律教育是十分必要的。新媒体自律教育不仅可以培养高校学生应对信息时代的关键能力，如批判性思维、独立判断、政治敏感和安全意识，更可以塑造他们的健全人格和使他们具备优良网络道德。这样的教育是符合时代要求的，它不仅仅是对技术的教育，更是关于人的教育，是关于高校学生如何在新媒体环境中做一个有责任感、有道德底线的人的教育。高校学生作为新时代的领军者，应当具备理性对待和分析新媒体信息的能力。他们不仅需要知道如何获取信息，更需要知道如何评估信息的可信度、如何区分真实与虚假的信息。同时，他们还应当了解并遵守基本法律法规和行为规范，以保护自己和他人的权益。通过有针对性的教育，可以增强高校学生分析问题的能力，提高他们明辨是非的能力，增强他们的道德自律能力。这样，高校学生不仅能够在新媒体环境中做出正确的判断和行为，更可以为社会的和谐稳定做出贡献。

三、构建思想政治教育网络阵营

思想政治教育者可以创建一个微博为基础的新媒体平台作为思想政治教育网络阵营，为学生提供一个方便的实时交流渠道。通过这个平台，学生可以及时了解高校的最新动态，分享彼此的观点和体验，增进对彼此之间的了解和互动。思想政治教育者也能更好地掌握学生的思想动态和需求，及时解决学生可能遇到的问题。通过收集网络舆情，高校的思想政治教育工作和维稳工作更具前瞻性和针对性。思想政治教育者能够通过这个平台及时发现和解决学生在学习和生活中遇到的问题，防止其进一步扩大或恶化。同时，思想政治教育者可以采取线上线下结合的方式，不断完善高校学生思想政治教育的数字化、网络化建设。这项建设不仅包括线上的互动和宣传，也包括线下的组织和实施。思想政治教育者要通过构建思想政治教育的网络阵营为学生们提供一个健康、积极的校园环境，促进他们的全面发展和成长。

四、树立思想政治教育者要与新传媒发展相适应的观念

在新媒体时代，思想政治教育者面临着适应新媒体发展的挑战。思想政治教育者要先解决观念问题，增强传媒思维观念和信息优势观念。思想政治教育者还

需要树立开放互动观念和审美观念，以更好地与学生进行互动，并提高教育的质量和吸引力。在素质方面，思想政治教育者需要提高自身的媒体素质和信息素养。这包括掌握新媒体技术、了解信息传播规律以及提高信息获取、处理和发布的能力。同时，思想政治教育者还需要提高其交往素质和人文素质，以更好地与学生进行交流，并确保思想政治教育的内容具有针对性和实效性。在操作上，思想政治教育者需要改变心态，以更开放、包容和灵活的态度面对新媒体时代的挑战。思想政治教育者还需要掌握方法，学习并运用新的教育策略和技术手段。此外，思想政治教育者还需要建立透明公正的机制，以确保思想政治教育过程的有效性和公正性。

五、开展丰富的校园文化活动

思想政治教育者应致力于开展丰富的校园文化活动，引导高校学生积极参与多元化的校园新媒体活动，以此营造积极向上、充满活力的校园文化氛围。思想政治教育者要深入了解高校学生的网络表达方式和接受习惯，以便更好地与年轻人沟通，构建了丰富且充满活力的校园网络文化体系。思想政治教育者可以通过这种方式用正面、健康的网络文化来影响高校学生，使他们在享受科技带来的便利的同时，形成正确的价值观。为了在思想政治教育工作中占据主动地位，思想政治教育者要从以往的“堵”转变为“导”，这种转变意味着他们不再只是简单地禁止或限制，而是采取更加聪明、更具策略性的方式对高校学生进行引导和监控。通过这种方式，思想政治教育者能够更好地与高校学生进行沟通，了解高校学生的需求和困惑，及时发现并解决问题。借助新媒体，特别是互联网这一强大的工具，开展对高校学生的思想政治教育工作，使其成为对高校学生进行思想政治教育的有效渠道。思想政治教育者应通过建立网络平台，发布正面、健康的内容，吸引高校学生的关注，与高校学生进行互动，潜移默化地影响和教育高校学生。这样做不仅有助于抢占网络思想教育的制高点，更能够实现社会主义高校特有的思想教育优势。此外，思想政治教育者还要利用新媒体进行自我学习，以提高他们做好高校学生思想政治教育工作的能力。思想政治教育者要通过学习新的知识和技能，不断更新自己的教育方法和理念，使自己始终处于行业的前沿。

第三节　新媒体视域下高校学生思想政治教育创新思考

一、优化思想政治教育观念

马克思指出："观念的东西不外是移入人的头脑并在人的头脑中改造过的物质的东西而已。"[①]理论是实践的基础，思想政治教育者只有先掌握了理论，才能用其指导实践。新媒体时代给高校思政教育带来了新的挑战，为了应对这些挑战，思想政治教育者需要更新教育观念，并提高思想政治教育的实效性。优化思想政治教育观念是实现这一目标的前提，其中包括强化引导教育、注重启发教育、将宏大叙事与日常生活进行对接和嵌入日常生活中。通过这种方式，思想政治教育者可以更好地适应新媒体时代的要求，并提高思想政治教育的针对性和有效性，从而更好地实现思想政治教育的目标。

（一）实施引导教育

新媒体时代，思想政治教育者思想政治教育的机制需要与时俱进。通过组织、指挥、控制等手段，思想政治教育者能够更好地提升学生的思想道德素质，为推动社会进步打下坚实的基础。然而，新媒体技术的普及也让学生能够更加便捷地获取网络信息。这样一来，教育者与受教育者之间的信息不对称现象被打破，教育者的主导地位受到了冲击。在新的时代背景下，思想政治教育者需要转变其思想政治教育观念，这不仅有助于提高学生的综合素质，还能够为我国提供坚实的人才保障。因此，思想政治教育者需要密切关注新媒体时代的发展趋势，不断探索和创新思想政治教育模式。只有这样，思想政治教育者才能够真正地培养出具备高尚品德、创新能力和社会责任感的新时代人才，为国家和社会的繁荣发展做出更大的贡献。

新媒体时代，高校思想政治教育必须及时调整思路，以适应新环境的挑战。一直以来，思想政治教育者都是以强管理、硬性教育的方式来进行思想政治教育，但这在新媒体环境下，显得有些不合时宜。在新媒体环境下，学生与思想政治教育者的地位是平等的，实施引导教育更能符合实际，也更能达到思想政治教育的目的。为此，思想政治教育者必须具备互联网思维，善于运用新媒体技术来

---

① 韦建桦．马克思恩格斯文集（5）[M]．北京：人民出版社，2009．

解决思想政治教育面临的难题。在教育过程中，思想政治教育者需要从管理者转变为服务者，用心去了解学生的实际需求和困难，真心实意地成为他们的“知心人”和“领路人”。引导教育的实施，使得思想政治教育的教学方式更加民主自由，内容更加多元化。这样的教育方式可以更好地满足学生多方面的个性需求，增强他们的学习积极性和培养学生的创新精神，最终帮助学生更好地适应新媒体时代的社会环境，促进他们的全面发展和成长。

（二）注重启发教育

以前高校的思想政治教育主要以灌输式教育为主导，思想政治教育者会通过课堂教学这一主要渠道，系统地传授意识形态、思想道德和法律知识。而学生则通过考试来检验自己对于这些知识的掌握程度，考试成绩也就成为衡量教育效果的主要标准。但这种教育方式存在明显的局限性，它往往过于强调知识的单向传授，而忽略了学生在学习过程中的主动性和积极性。这种模式下，学生往往只是被动地接受知识，而缺乏主动思考和解决问题的锻炼机会。此外，这种教育方式片面追求知识传授，却往往忽视了对学生的能力提升和问题解决能力的关注和培养。学生在面对现实生活中的复杂问题时，只掌握理论知识往往是不够的，还需要具备实践能力和解决问题的智慧。

新媒体时代，高校学生的思想政治教育面临新的挑战与机遇。为了更好地培养学生的综合素质，满足社会对人才的需求，思想政治教育者的必须不断更新和完善教育方法。在此背景下，启发式教育法应运而生，它汲取了灌输式教育的优点，同时又符合思想政治教育规律和学生成长需求。启发式教育法注重建立和谐融洽的师生关系，教育者需与学生建立密切的联系，了解他们的思想动态和需求。通过新媒体技术的灵活性，从多个方面启发和引导学生，使他们能够独立思考、积极探索。这种教育方法强调因材施教，针对学生的不同特点进行有针对性的指导，帮助他们找到适合自己的学习方法和成长路径。此外，启发式教育法还强调增强学生的实践活动自觉性。通过组织各种形式的社会实践、创新创业等活动，让学生在实践中积累经验、锻炼能力。这不仅有助于提高他们的综合素质，还有助于培养他们的社会责任感和创新能力。

（三）将宏大叙事对接和嵌入学生的生活

高校的思想政治教育应当注重知识掌握方式，但这种方式往往缺乏与现实生活的结合，导致其实际教学效果不佳，难以吸引学生积极参与思想政治教育。为了提高思政教育的实际效果，思想政治教育者应该采取更加生动、形象、贴近生活的方式进行教学，引导学生将所学知识与实际生活相结合，将宏大叙事对接和嵌入学生的生活，提高学生的综合素质和能力。同时，思想政治教育者也应该注重培养学生的创新精神和实践能力，让他们在学习中不断探索、实践，从而更好地掌握知识和技能。马克思指出："它从现实的前提出发，它一刻也不离开这种前提。它的前提是人，但不是处在某种虚幻的离群索居和固定不变状态中的人，而是处在现实的、可以通过经验观察到的、在一定条件下进行的发展过程中的人。"① 而当今的教育应当重视学生的个体发展，将知识与他们生活中的实际结合起来，帮助学生学习他们需要学习的内容，这样不仅可以使学生更快地理解知识，还能帮助学生提高学习兴趣，使其主动地去学习。

高校思想政治教育在当今社会中扮演着至关重要的角色，为了更好地发挥其作用，思想政治教育者必须时刻保持与时俱进的态度。宏观价值观是思政教育的核心，但要真正发挥其作用，思想政治教育者必须将其与学生的日常生活紧密相连。在理解学生需求的多元化方面，思想政治教育者需要深入了解不同背景、不同性格、不同兴趣爱好的学生的真实需求。通过有效的沟通，消除与学生之间的沟通障碍，才能真正做到因材施教。运用思想政治教育的原理和方法对学生的问题进行深入分析，能够提升教育的说服力和实效性。传统的教育方式可能无法引起年轻学生的兴趣，因此，思想政治教育者创新教育方式是必要的。思想政治教育者要用学生喜欢的方式进行思政教育，如使用社交媒体、短视频等平台，可以更好地吸引学生的注意力，使思想政治教育内容深入人心。

二、优化与创新学生思想政治教育机制

"要坚持把立德树人作为中心环节，把思想政治工作贯穿教育教学全过程，实现全程育人、全方位育人，努力开创我国高等教育事业发展新局面。"② 在新媒体时代，高校的思想政治教育机制确实需要与时俱进，不断进行优化与创新。整合教育资源是思想政治教育的关键，这包括线上和线下的教育资源，形成一种合力，共同作用于学生。同时，思想政治教育者必须加强主渠道建设，确保思想政治教育能够有效地将主旋律传达给学生。思想政治教育者在新媒体时代也需要提升自身的信息素养，要善于利用网络工具和平台，贴近学生的实际生活，以更好

① 韦建桦．马克思恩格斯文集（1）[M]．北京：人民出版社，2009.

② 习近平．习近平谈治国理政（第 2 卷）[M]．北京：外文出版社，2017.

地对学生进行思想教育。构建网络共享社区和培育网络自组织也是进行思想政治教育必需的，学生可以通过这些平台更加自主地参与到思想政治教育中，形成良好的学习习惯。同时，思想政治教育者也要营造良好的现实与网络环境，让学生在一个健康、和谐的环境中接受思想政治教育，从而提高思想政治教育的效果和质量。

（一）优化设计教学内容结构体系

在新媒体时代，高校思想政治教育面临着前所未有的挑战。为了更好地适应时代的变革，高校需要合理配置资源，确保思想政治教育的有效实施。然而，当前思想政治教育存在许多问题，如资源不足、闲置和浪费，这些问题对思想政治教育的效果造成了一定影响。思想政治教育资源主要集中在政治相关部门，这些部门和部门中的人员无疑是思想政治教育的重要组成部分，然而，仅仅依靠这些部门和人员，显然无法满足整个高校的思想政治教育需求。高校的其他职能部门，如教务处、科研处、财务处等，也应该积极参与思想政治教育，发挥自己的作用。为了更好地开展思政教育工作，各部门之间需要积极配合，形成合力。这不仅需要思想政治教育者之间进行合作，也需要与其他部门之间进行合作。只有这样，才能实现教育资源的优化整合。例如，高校可以建立专题网站、引进专题数据库、录制公开课等，这些都是优化整合教育资源的有效途径。此外，思想政治教育者还应与家庭合作，建立家校长效沟通机制。家庭是学生的第一个教育场所，对学生的成长和发展有着重要的影响。高校只有与家庭建立紧密的联系，才能更好地了解学生的情况，更有针对性地开展思想政治教育工作。

“思想政治教育内容主要应包括世界观教育、政治观教育、人生观教育、法治观教育、道德观教育五个方面。”① 在新媒体时代的背景下，高校思想政治教育需要与时俱进地对教学内容结构体系进行优化设计，以提高思想政治教育的吸引力和实效性。思想政治教育者应引导学生正确认识现实社会和虚拟社会，关心我国民主政治建设，并学会参与网络民主政治，增强其是非观念和辨识能力。同时，学生不仅要遵守现实社会的道德和法律，还应认识到“互联网不是法外之地”，遵守互联网领域的道德规范和法律制度。在进行优化设计的过程中，教育者应根据受教育者的需求和兴趣，将新媒体元素与传统的思政教育内容相融合，创新教学方式方法。例如，可以利用新媒体平台开展互动式教学、案例式教学等，使思想政治教育更具趣味性和互动性。此外，还可以通过新媒体平台收集和整理受教

① 张耀灿，陈万柏．思想政治教育学原理[M]．北京：中国人民大学出版社，2013.

育者关注的问题和反馈意见，及时调整教学内容和方法，使思想政治教育更加贴近实际、贴近生活。

（二）提升思想政治教育者信息素养与能力

习近平强调："要用好课堂教学这个主渠道，思想政治理论课要坚持在改进中加强，提升思想政治教育亲和力和针对性，满足学生成长发展需求和期待，其他各门课都要守好一段渠、种好责任田，使各类课程与思想政治理论课同相同行，形成协同效应。"[①] 思想政治教育者应当充分运用新媒体工具，以更深入地了解学生的需求，从而实施更有针对性的教学。在教学焦点上，思想政治教育者应秉持"内容为主"的原则，精细整理与课堂相关的资料，并注重时事动态和学生的兴趣点，以丰富和拓展思想政治教育的内容。借助于新媒体技术的助力，思想政治教育者可以采用更受学生欢迎的方式开展教学，如使用具有感染力的教学语言，营造积极的课堂氛围，让学生在轻松愉快的环境中获取知识。此外，其他专业课程也应以马克思主义理论为指引，与思想政治理论课程教学协同发力，共同推动学生的全面发展。这种方式不仅可以增强思想政治教育的效果，还有利于提升学生的综合素质。因此，思想政治教育者应当积极探索新媒体技术的运用，持续改进教学方式和手段，以更好地满足学生的需求，实现教学目标。

在新媒体时代，思想政治教育者面临着前所未有的挑战与机遇。为了有效地实践思想政治教育，思想政治教育者必须具备相应的信息素养与能力。思想政治教育者必须增强信息意识，提高对信息的敏感度。在信息爆炸的时代，谁掌握了信息，谁就拥有了话语权。因此，思想政治教育者必须善于发掘和运用信息资源，从中提炼出有价值的信息，为思想政治教育工作提供有力的支持。思想政治教育者必须具备互联网思维，提升运用新媒体技术进行教学的能力。新媒体技术的发展为思想政治教育提供了广阔的空间和丰富的手段。思想政治教育者需要熟悉并掌握这些新媒体技术，如社交媒体、短视频平台等，从而更好地与年轻人沟通交流，提升思想政治教育的吸引力和实效性。面对西方的意识形态渗透，思想政治教育者还要加强理论学习，提高明辨是非的能力。同时，他们还要提高网络语言表达能力，用年轻人喜闻乐见的方式传递正能量，引导他们树立正确的价值观和人生观。思想政治教育者还要提升对网络危机事件的处理能力。在新媒体时代，网络危机事件时有发生，如网络暴力、谣言传播等。思想政治教育者要具备快速反应和解决问题的能力，以维护社会安定和谐。

---

① 习近平．习近平谈治国理政（第2卷）[M]．北京：外文出版社，2017．

（三）构建师生网络共享社区

思想政治教育师生网络共享社区是一个依托新媒体技术构建的平台，它的出现打破了传统的教学模式，为师生提供了一个更为广阔的学习与交流的空间。通过这个平台，师生可以随时随地上传和分享相关资源，实现人人共享、人人受益，从而打破了时间和空间的限制，让学习变得更加便捷和高效。在这个平台上，师生可以平等地进行交流和互动，这种平等的交流方式有助于促进师生的共同提升和进步，让彼此都能够得到更多的启发和收获。同时，构建师生网络共享社区也有助于凝聚社会共识，培育良好的网络道德文明。随着新媒体时代的快速发展，高校网络自组织蓬勃发展，覆盖面日益扩大。网络自组织为高校思想政治教育提供了新的载体，因此思想政治教育者应重视将思想政治教育融入网络自组织。学生也容易受到网络空间中错误观点的误导，因此思想政治教育者需要积极培育网络自组织，思想政治教育者应加强教育引导，运用新媒体弘扬真善美、传播正能量；因材施教对学生进行有效的思想政治教育；加强监督管理，为网络自组织的发展提供良好的网络环境。在新媒体时代，高校思想政治教育面临着新的挑战和机遇。一方面，网络信息的快速传播和广泛覆盖使得学生在获取信息时容易受到错误观点的误导；另一方面，新媒体技术也为思想政治教育提供了更多的可能性。因此，思想政治教育者需要积极培育网络自组织，通过教育引导、监督管理等方式为学生提供正确的价值观和道德观引导。思想政治教育者还需要加强对高校网络自组织的监管和管理，确保其发展方向正确、内容健康向上。对于高校网络自组织中违反规定的行为，思想政治教育者要及时予以纠正和制止，为学生提供一个安全、健康的网络环境。只有这样，网络自组织才能够更好地发挥新媒体技术在高校思想政治教育中的作用，为学生的成长和发展提供更好的支持和服务。

（四）营造良好的现实与网络环境

马克思强调：“人创造环境，同样，环境也创造人。”[①] 人类的生活被两个环境所包围：现实环境和网络环境。这两个环境相互关联，彼此影响，其中网络环境是现实环境的延伸。以新媒体技术为基础，网络环境为人类提供了一个全新的交流和信息获取的平台。在高校思想政治教育中，思想政治教育者必须认识到网络环境的重要性。网络环境不仅是对现实环境的延伸，也是影响学生思想和行为的重要因素。为了优化和创新思政教育机制，思想政治教育者需要积极营造有利的

① 韦建桦．马克思恩格斯文集（1）[M]．北京：人民出版社，2009．

现实环境，这个环境应以学生的需求和利益为中心，致力于提高他们的思想道德水平和科学文化素质。国家、社会、高校和家庭都有责任参与建设和维护良好的现实环境。只有这些力量都联合起来，才能有效地应对网络环境带来的挑战，为年轻一代创造一个健康、积极的成长环境。

习近平指出："网络空间是亿万民众共同的精神家园。网络空间天朗气清、生态良好，符合人民利益。"① 网络环境对高校学生的思想政治教育具有深远影响。然而，思想政治教育者也必须面对其中存在的不良现象和封建思想，这些因素对学生的思想观念产生了负面影响。为了应对这一挑战，思想政治教育者宣传法律知识，以提高学生的法律意识。同时，教育学生如何识别和避免网络中的虚假信息、恶意攻击等不良行为，培养他们良好的网络道德素质。此外，应利用网络加强党的思想文化宣传。思想政治教育者不能忽视网络这个重要的宣传平台，而是要创新宣传方式，使党的思想文化能够在网络中占据主导地位。通过各种渠道和活动，弘扬主旋律，巩固社会主义主流意识形态在网络中的主导地位。只有当正能量在网络中占据主导地位，才能真正提升网络环境的文明建设水平。这样的举措不仅能够为高校学生思想政治教育机制优化与创新提供重要保障，而且也能促进整个社会的和谐稳定与文明进步。

① 习近平．习近平谈治国理政（第2卷）[M]．北京：外文出版社，2017.

第四章　新媒体视域下高校学生网络心理教育

本章为新媒体视域下高校学生网络心理教育，依次介绍了高校学生网络行为与心理机制、新媒体视域下高校学生网络心理教育方法两个方面的内容。

第一节　新媒体视域下高校学生网络行为与心理机制

一、网络行为的界定及其类型

网络行为是在互联网产生之后出现的一个新概念，直到目前，人们对它的定义仍未统一。在英语国家中，研究者一般不对人的网络行为进行准确定义，在表示人的上网行为时，通常会使用词汇 Internet use 或 Internet usage，对人使用网络的行为进行简单描述。根据以上的描述，可以认为，网络行为是一种以网络为媒介或对象进行的工作、学习和生活活动。这些活动不仅包括在线形式，如通过互联网进行的娱乐、信息浏览等，也包括离线形式，这些行为与网络有关，但不依赖于网络媒介。随着互联网的普及，网络行为越来越成为人们日常生活和工作的一部分，它不仅改变了人们的生活方式，也影响着社会的发展和进步。人类应该积极应对网络行为，以更好地利用网络的优势，提高自己的生活质量和社会效益。

网络行为可按照不同的标准分为不同的类型，按照上网行为的内容性质分，可以将其分为社会交往行为、获取信息行为、娱乐休闲行为；按上网目的分，可以分为娱乐消遣行为、追求刺激行为、人际交往行为，或者娱乐取向行为、工作取向行为、生活取向行为、社交取向行为。除此之外，按照网络行为发生频率的高低，还可以将其分为高频网络行为和低频网络行为；按照网络行为对使用者造成影响的好坏来分，还可以将其分为积极的网络行为和消极的网络行为。

二、高校学生网络行为现状

（一）高校学生网络行为总体评估

高校学生在网络行为上比较文明、健康，他们利用网络平台学习知识，充实自我，同时也在网络上休闲放松，享受生活的乐趣。网络世界为他们开拓了新的视野，网络已经成为帮助他们实现成长、进步的得力助手，为他们步入社会奠定了坚实基础。

（二）高校学生网络行为的时代特点

1. 移动互联网日益影响着学生的网络行为

学生的网络行为在移动互联网的广泛影响下呈现出多样化的特点，高校学生的网络行为较为积极，而5G的普及使得移动互联网更加深入地渗透到学生的日常生活中。多数学生能够做到利用网络而不沉迷网络，从而在享受便捷生活的同时利用网络学习更多的知识。学校和家庭也应积极引导学生学会正确使用移动互联网，使网络发挥其积极作用，帮助学生实现健康成长。

2. 自媒体在高校学生中广泛普及

自媒体在当代高校学生中得到了广泛普及，这一现象恰好体现了新闻媒体3.0时代的到来。抖音和小红书等流行平台为高校学生提供了一个展示自我和发挥创造力的舞台，这些自媒体形式为年轻人提供了更多的表达方式帮助他们开拓了更广阔的视野，他们可以通过文字、图片和视频等多种形式来记录生活、分享经验以及传递价值观。因此，高校学生教育管理工作者应该积极鼓励并支持高校学生在自媒体的舞台上发挥他们的创造力，为中国的发展和强大贡献年轻人的力量。

3.小视频成为高校学生网络“新宠”

在当前的快文化时代，高校学生群体热衷于观看小视频，这不仅是因为其内容简短，方便消费和分享，更是因为小视频与自媒体平台的紧密结合，赋予了他们前所未有的存在感和使命感。他们渴望通过小视频这一媒介来表达自己的观点、分享自己的知识，这种行为实际上是高校学生群体对社会快速发展的一种适应和回应。小视频作为一种新的流行趋势，为高校学生提供了一个更为广阔的发声平台，也使他们的声音能够被更多人听到。

第二节　新媒体视域下高校学生网络心理健康教育方法

一、提升新媒体时代高校学生网络心理健康教育的水平

教育者作为高校学生网络心理健康教育的教育主体，担负着新媒体时代高校学生网络心理问题的预防、引导及教育重任，教育者心理健康知识和网络心理教育能力的提升关乎高校学生网络心理健康素质发展状况。因此想要切实解决当前新媒体时代高校学生网络心理问题引发的问题，要先着力提升教育者的网络心理健康相关教育知识、教育能力和教育经验。

（一）大力普及网络心理健康教育相关知识

受高校学生自身心理健康发展的复杂性和新媒体时代网络环境的特殊性双方面影响，当前高校学生网络心理健康教育工作对教育者提出了更高的要求。在整个教育过程中不仅仅需要教育者具备一定的专业心理知识，掌握一定的教育方法，更需要他们充分了解新媒体时代特殊的网络环境、熟练使用新媒体科技工具。

第一，教育者需要运用专业的网络心理学知识和手段进行网络心理健康教育。作为一名新媒体时代教育工作者，在对高校学生进行网络心理健康教育时，首先，教育者要从专业网络心理学的基本知识和方法入手，向学生普及“手机综合征”等各种新媒体时代网络心理问题的危害以及这些问题产生的原因，向学生传授预防及解决这些问题的方法。其次，高校在对教育者普及网络心理学知识时，也应尽量发挥新媒体科技的便利，制作各种包含网络心理学知识而又简单易懂的微课、微电影等，以此提高教育者这些网络心理学知识的理解度，以便于他们在日常工作中灵活地运用这些网络心理学知识。

第二，教育者需要采用科学先进的教育理念和方法进行网络心理健康教育。在新媒体时代学生网络心理教育工作，如果仍旧采用传统、简单、僵化的教育方法，容易使高校学生产生抵触心理，甚至可能造成网络心理问题的严重化和扩大化。为此，在对高校学生进行网络心理教育时，应当让教育者学习更加适应新媒体时代的科学教育方法和理念。如教育者在对有网络心理问题的学生进行心理教育的过程中，应适应新媒体时代特征，将思想政治教育中的隐性教育法与心理问题教育法相结合，增强教育的针对性，以发展式的教育为主，治疗式的教育为辅，使高校学生自己认识到自身心理存在的问题，从而积极地进行配合解决问题。并且在对高校学

生进行网络心理健康教育时，教育者可以通过他们喜欢的方式，如微信聊天等对他们进行心理辅导、利用各种新媒体科技软件进行心理问题测验等，这样不仅方便了网教育者的工作，也提升了高校学生对网络心理健康教育的接纳程度。

第三，教育者应当掌握更多新媒体科技特征和新媒体技能。在新媒体时代，教育者只有深入地了解网络环境特征并熟练地掌握网络科技手段，对新媒体进行更深入地了解，才能跨越教育者和高校学生之间的“科技代沟”，与他们更好地进行沟通，从而达到对网络心理问题的预防和教育。而教育者想要了解新媒体时代的网络环境并掌握相关新媒体技能，就要从高校学生日常使用的电子设备和软件产品入手，教育者要了解和熟知这些设备和软件的操作方法。比如，教育者要学习当前高校学生常用的一些社交软件如微博、微信的使用方法，关注并积极参与高校学生常常聚集发表言论的论坛、贴吧。教育者可以通过这些网络平台了解高校学生日常的动态及那些影响高校学生的网络言论和潮流，在与他们的网络交流互动中了解他们在网络环境中的心理特征，更好地发现其中的不良信息给高校学生带来的负面影响和可能产生的群体效应。

（二）努力构建网络心理健康教育管理队伍

正如我们所见，我国当前的网络心理健康教育工作除了在一定程度上缺乏专业的网络心理健康知识和教育理念外，在队伍建设上也存在着巨大的缺口。为此，教育者需要结合新媒体时代高校学生所处的实际情况，不断学习和创新更为科学的方法和理念，努力构建网络心理健康教育管理队伍，以此来更好地提升我国网络心理教育的水平。

第一，要积极组建多层次高校网络心理健康教育联动工作队伍。新媒体时代高校网络心理健康教育联动工作队伍的建设要从网络心理健康教育的管理、教育和监督三点入手，在层次上依次划分为校级、院系级、班级，建立一个从上至下的全方面联动教育管理机制。首先，是校级网络心理健康管理机构的设置，这一管理机构主要负责制订高校网络心理健康教育工作规则制度、人员的设置编排以及大型网络心理健康教育活动的组织筹划工作。除此之外，校级管理层还应当负责规划高校网络心理健康教育的网络宣传工作，引进符合学校情况的网络心理健康教育网课和咨询辅导应用程序（App）等。其次，院系级的网络心理健康教育咨询队伍的建设应当以学院、各系的负责人、辅导员和班主任等管理人员为主，依照各院、系的学生专业、人数等具体情况进行设置，采用学校制订的各种新媒体科技手段管理各种学生网络心理健康的日常活动。最后，是班级的网络心理监督工作队伍建设，队伍主要由班长和其他班干部负责，选取班内部分同学组成工作队伍，观察同学们在日常的网络心理健康状况以及他们在各种新媒体平台中的动态并将情况定时向学院汇报，此外，该工作队伍还应及时将学校发布的网络心理健康知识和活动信息通过班级微信群等方式传递给班级中的同学。

第二，要有效发挥社会网络心理健康教育组织机构的作用。新媒体环境的扩大使得网络心理健康问题开始在不同年龄阶段人群中出现，而且出现网络心理健康问题的人数量逐年递增。社会各界为此开始加大对网络心理健康问题的预防研究工作，相关的网络心理健康教育组织机构也开始出现。由于这些机构的涉及面广泛，采用的教育方法较为先进，它们不仅有着丰富的网络心理健康教育经验，还能够迅速配合学校及时发现和解决高校学生在校外的网络心理问题，给予高校学生心理方面的沟通和支持，并且在高校学生顾虑学校影响又不愿意到心理门诊等机构进行专门心理咨询时，可以通过这些组织机构的网站或者手机软件等进行网络心理健康问题的教育和疏导。

第三，要合理实现学校、家庭、社会“三方”教育和资源共享。由于新媒体时代高校学生网络心理问题的隐蔽性越来越强，很难依靠学校单方面实现教育效果，这使得高校学生网络心理健康教育工作不得不向社会和家庭等相关教育主体求助。因此只有发动家庭、学校、社会三方面的力量，实现“三方”教育和资源共享才能更迅速地察觉新媒体科技引发的高校学生网络心理健康问题，并给予高校学生更为合理完善的网络心理健康教育。实现“三方”教育就是指发动家庭、社会、学校三方面的教育者对高校学生网络心理状况进行日常管理和观察。一旦高校学生出现网络心理健康问题时，学生家长、了解学生情况的社会组织可以通过当下各种便捷的科技手段及时与学校进行沟通，实现同步教育。而资源共享则是指学生家长、学校和社会组织在共建的网络社区和云盘中进行不定时的资源分享，其中一方需要相关资料时只需在网络终端登录，便可获得另两方的帮助，从而使三方获取网络心理健康教育资料更加及时和简便。

（三）积极开展网络心理健康教育实践活动

新媒体时代网络心理健康的研究和教育是随着网络科技发展出现的，其教育对象和引导内容十分复杂，需要大量的实践经验来指导。因此，只有家庭、学校、社会的教育者在全社会积极开展各种网络心理健康教育实践活动，教育者才能尽可能地积累网络心理健康的教育经验，掌握和创新更多科学、有效的网络心理健康教育方法。

第一，以高校为中心开展网络心理健康教育课。以高校为中心开展网络心理健康教育课并不是指在高校简单设置一门名为网络心理健康的教育课程，直接在课上宣讲网络心理健康的相关知识，而是要借鉴当下各种网络心理健康教育辅导相关工作的先进经验，以开展网络心理教育课为起点，对一部分高校学生先进行试验式教育，收集高校学生较为喜欢的教育方法，然后采用这些方法逐步在各个年级展开网络心理健康教育，同时将网络心理健康的知识与其他学科教育理念相融合，渗透到其他相关的课程中去。高校设置以网络心理健康教育为理念的课程时，应当尽可能多地采用手机课堂、线上作业等方式，使高校学生在了解网络心理健康知识的同时带动其他同学对这门课程的关注。而向其他课程渗透的主要方法则是通过教育者在课堂中以播放教育微电影、进行在线趣味故事选读等方式将心理健康教育理念、心理健康问题的表现及严重性穿插在原本的教育内容中，既增添了该学科的课堂趣味性也向高校学生普及了网络心理健康相关知识。

第二，借助社会支持进行网络心理健康教育调查。新媒体时代网络心理健康调查是在网络心理健康教育课下对高校学生网络心理健康状况进行了解的、更为直接的方法。由于单纯依靠高校对学生的网络心理健康状况进行了解，得到的结果往往不太全面，因此可以通过各种相关组织机构对高校学生网络心理健康的状况调查。比如，通过各种网络心理健康组织或者其所拥有的新媒体平台对高校学生进行网络心理健康状况的问卷调查；通过各种网上心理门诊、专家热线以及各种社会网络心理咨询和治疗机构来掌握新媒体时代高校学生网络心理健康问题的各种表现和问题成因，或者直接借鉴这些组织机构的研究结果，将他们的方法运用于高校网络心理健康的教育工作中，更好地开展对高校学生网络心理健康问题的预防和教育工作。

第三，以家庭为辅助普及网络心理健康教育方法。研究显示，家长与高校学生之间的亲子关系直接影响着高校学生网络心理健康问题的产生，并且较其他教育者而言，家长对高校学生的个性、习惯等有着更深入的了解，教育的针对性也更强。在家庭辅助教育的过程中，家长要不断增强与高校学生之间的互动，更为仔细地观察高校学生的心理变化，这也有利于从根源上预防高校学生出现网络心理健康问题。以家庭为辅助的网络心理健康教育，除了需要将高校和社会组织所收集到的各种新媒体时代网络心理健康教育知识和方法普及给学生家长，对未产生网络心理健康问题的学生进行预防、对已产生网络心理问题健康的高校学生进行疏导和教育之外，也应当通过建立的网络沟通平台，对各种家庭网络心理健康的教育案例和教育方法效果进行收集反馈。

二、增强新媒体时代学生网络心理健康问题自我教育能力

新媒体时代虚拟现实生活环境对高校学生的心理素质成长又提出了新的要求，即要求学生具备网络心理素质。这个概念来自德国媒体教育学家迪特·巴克，他认为如今的人们应当具有包括批判、知识、应用及创作四种媒体能力的媒体素质，以适应新媒体时代的生存。除此之外，一些学者又提出了除上述四种能力外的另一种能力：心理适应能力。我国现代高校学生身处新媒体时代这样的网络环境中，必须具备良好的网络心理素质，并增强对网络心理健康问题的自我教育能力，以实现身心全面健康的发展，迎接时代变化和挑战。

（一）树立学生积极的价值观念

以往做高校学生网络心理健康教育工作时，高校学生教育管理工作者往往将关注点放在心理问题的解决上，忽视了教育的根本方法是改善受教育者自身的观念，让受教育者主动配合教育并进行良好的自我教育。尤其是在新媒体时代这个高校学生自主性越来越强的网络时代中，做高校学生网络心理健康教育工作应当从高校学生的价值观、道德观及对待网络问题的态度三点入手，使他们拥有解决网络心理健康问题的观念和能力，这也是培养高校学生网络心理问题自我教育能力的第一步。

第一，帮助高校学生树立积极健康的世界观和人生观、价值观。面对新媒体时代给高校学生带来的各种意识形态方面的负面影响，教育者应当从高校学生的人生观和价值观出发，培养高校学生适应新时代、积极向上的生活态度。比如，在学校官方微博和微信上开展一系列优秀高校学生榜样示范教育，用实实在在的例子来引导高校学生正确规划大学生活；通过各种校内网络社区、微信群等手段，组织一些具有学习意义的参观游览和志愿者活动，通过这些活动培养高校学生健康的人生观念；给高校学生提供蕴含正面理念的电子书籍和网络影片，使他们在休闲娱乐时接触更多健康向上的文化内容等，让他们在沉浸科技生活的同时也能认识到现实生活中的美好，在潜移默化中帮助他们树立正确的世界观和人生观、价值观。

第二，鼓励高校学生树立正确应对网络心理健康问题的态度。对待心理问题的传统观念常常导致我国高校学生产生网络心理健康问题时不愿意与人倾诉，不积极寻求帮助。而在新媒体时代，由于高校学生需要经常与各种网络科技接触，极易产生网络心理健康问题，如果仍旧采取过去那种极力掩盖心理健康问题的处理方式就会使问题不断严重。为此，在对高校学生进行网络心理健康教育时，应

当教授给他们对待网络心理健康问题的正确态度，除了让他们了解各种新媒体时代网络心理健康问题产生的原因，更需要告诉他们每个人都有可能产生不同程度的心理问题，只是由于调适能力或者心理承受能力的不同，导致问题的表现和严重程度有所不同而已。应当鼓励高校学生主动寻求心理治疗，甚至可以通过手机、电脑终端向一些心理辅导机构寻求帮助，积极解决已经产生的网络心理健康问题，使高校学生从观念上接受网络心理健康咨询和教育，在大学校园中营造一种积极面对不良心理状态的风气。

第三，引导高校学生确立正面的网络生活道德理念。如今网络中出现了一些对道德模范进行黑化、恶搞的行为，这种行为扭曲着高校学生的道德观念，而正是这些扭曲的观念促使高校学生在网络交往和活动中，将窥探他人隐私、侮辱嘲笑他人等不道德行为视若常态，逐渐使他们形成消极的人格。因此，教育者应当把道德教育作为新媒体时代网络心理健康教育的一部分，着力改善现今高校教育中道德教育比重过小的现状，通过在各种新媒体平台中树立新时代的网络道德典范等方式对高校学生进行宣传教育，普及网络道德观念，不断弘扬传统美德并对各种网络不道德行为进行批评教育，培养高校学生辨别是非的能力和正确的网络道德观。

（二）培养学生对网络情绪及网络心理健康问题的自我调节能力

培养高校学生对网络情绪及网络心理问题的自我调节能力是提升新媒体时代高校学生网络心理健康问题自我教育能力的重点。由于当前的网络心理健康问题具有隐蔽性，其他人很难及时发现，高校学生作为产生网络心理健康问题的主体，如果能够保持对网络不良情绪的清醒、警惕，在产生轻微的网络心理健康问题时及时进行自我调节，会对降低高校学生网络心理问题的出现概率起到积极作用。

首先，要引导高校学生有效合理地抒发和排解不良情绪。许多高校学生产生网络心理健康问题正是从寻求对不良情绪的疏解开始的，他们在现实生活中遇到挫折或者不顺心的事，找不到合适的对象和途径进行倾诉排解，于是他们转而将注意力放在网络娱乐活动中，在智能科技营造的感官刺激下，他们以为这些情绪得到了排解，但这种错误的方法不仅没有使现实生活中的问题得到解决，反而容易引发手机依赖等新媒体时代网络心理健康问题。因此在进行网络心理健康教育时，教育者一方面要及时观察发现高校学生不良情绪，帮助他们转换心情；另一方面也要教育高校学生保持良好的心态，比如，教育他们在感到心情郁闷或者压抑的时候采用户外运动、手工制作等移情方法排忧解郁，也让他们适度远离虚拟生活，预防网络心理健康问题的产生。

其次，培养高校学生对网络心理健康问题的调控能力。新媒体时代网络心理健康问题的发现和调控需要高校学生在关注自身个性特征、情绪变化的同时对自己已经产生的网络心理健康问题有全面的了解和对这些问题进行合理调控，这就需要高校学生具备一定的网络心理学基础知识。比如，教育者让他们了解在当下新媒体时代科技环境中人的心理活动产生的原理以及如手机综合征、碎片化思维等各种网络心理健康问题的表现。只有对这些知识有一个初步了解，高校学生才能尽早发现并采取积极的措施。同时教育高校学生发现网络心理健康问题时，如何采用心理暗示法、自我倾诉法，以及各种心理游戏和简单的心理自我治疗方法来对轻微的网络心理健康问题进行调节和控制。鼓励高校学生根据自身情况进行不同的心理调适，这不仅能提高高校学生对网络心理健康问题的自我调节能力，还能增添他们的自信心和他们对学习创新心理知识的兴趣。

最后，提升高校学生对网络心理健康问题的警觉和关注度。提升高校学生对网络心理健康问题的警觉和关注度除了需要教育者对学生进行新媒体时代网络心理相关知识和方法的普及，更需要教育者紧跟当下各种潮流，从高校学生所处的科技化生活中发现问题，并将这些问题及时展示给高校学生，让他们清晰地认识到这些问题的严重性，教育他们经常关注自己和他人的网络心理健康状况。比如，经常和高校学生分享由网络心理健康问题引发的负面社会新闻，让他们从实际的生活例子中了解网络心理健康问题所引起的严重后果，鼓励他们从自身做起，发现和帮助身边已经产生网络心理健康问题的同学，这样不仅增强了网络心理健康教育的生动性，还提升了网络心理健康教育的有效性。

（三）增强学生的网络法制安全意识

为了应对新媒体时代变幻莫测的虚拟世界，抵御网络科技带来的侵害，高校学生除了要在观念和心态上做出积极的调整外，更需要具备相应的网络生活素质。比如，在新媒体环境中学会保护自身权益的安全意识、规范自身行为的法制观念。用这些知识能力保障他们健康使用网络，让他们在虚拟环境中自觉规范自己的行为，有效地避免引起网络心理问题的事件发生，更好地享受新媒体时代网络科技带给我们的益处。

第一，增强高校学生的网络法制安全意识。新媒体时代高校学生网络安全意识的培养虽然是全社会的责任，但更多地依赖于教育者在日常教育中的灌输，这就需要教育者经常在课堂、班级活动或者会议上对这类观念进行强化。比如，教育高校学生不要轻易将自己的真实信息泄露给网络中的陌生人，对他们的详细询问和发来的邀请保持警惕的态度，在各种“微软件”如微博、微信中发表言论、状态以及发布私人照片等信息时应当注意合理适度，给他们展示新媒体时代容易出现的网络安全侵害行为，以培养他们的网络安全意识，抵御网络侵害行为。

第二，帮助高校学生树立全新的网络法制观念。新媒体时代高校学生树立网络法制观念，就要先对他们进行基本法律知识的教育，从基本的互联网法律常识入手，让他们从现实中的守法行为做起，养成知法守法的观念。比如，让高校学生熟悉与他们学习生活相关的法律条例，了解一些日常生活中看似不经意但已经触犯法律的行为。还要引导他们将现有的法律法规与新媒体时代网络环境进行结合，用对待现实生活的观念态度对待网络中的不规范行为，通过由新媒体科技引发的青少年网络犯罪的反面典型让他们认识到，即使在虚拟的环境中，网络违法犯罪也会受到相应的处罚，让高校学生能够使用法律规范自己行为和保障其自身利益。

三、构建新媒体时代学生网络心理发展健康环境

新媒体时代学生网络心理发展健康环境的构建，对于高校学生网络心理健康教育有着非同寻常的意义。良好环境的构建一方面有利于规范网络行为、预防网络心理健康问题，另一方面也能够通过适当的环境来营造思想政治教育的氛围，成为解决网络心理健康问题的手段之一。

（一）打造文明网络环境

新媒体时代互联网科技飞速发展，使得互联网立法工作迫在眉睫，但就我国现有法律来看仍旧有一定的提升空间，这无疑加大了高校对学生进行网络心理健康教育工作的难度。面对这一现状，应当从对网络的管理、传播内容和传播途径三个层面对网络立法进行完善，从而打造一个文明的网络“微世界”。

第一，加大网络管理立法，提升政府网络公信力。为了加强对新媒体时代互联网络的管理，提升政府在当下社会中的公信力，保障主流意识形态主导地位，政府在网络管理方面的立法工作势在必行。而加大政府网络管理立法，一方面是指制定和实施各种对于新互联网言论和行为强制管理的法律条例，对各种软件的使用进行严格的筛选把控；另一方面也要求政府在对各种新媒体传播进行管理的过程中，运用新媒体科技手段，不断增强与公众的沟通，根据网络虚拟环境的发展和当下人们的需求合理地对各种虚拟环境管理方式进行创新和调整。通过这两

方面的管理和改进，不仅能够在新媒体时代网络环境中提升政府管理力度和公信力，也给高校学生创造了一个主流意识明确、秩序规范的文明网络环境。

第二，推进网络传播内容立法，净化网络信息。在现实虚拟化的大时代环境中，高校学生又不可避免地会通过各种新媒体传播渠道接触一些不良信息，由此可能使高校学生做出各种不当行为甚至产生网络心理健康问题。面对这一状况，我国政府和相关部门要不断加强对各种新媒体传播内容的关注，尽快出台各项关于新媒体时代互联网传播内容的强制性管理条例，从而净化网络信息传播内容，塑造互联网传播的文明风尚，建立一个绿色和谐的新媒体环境，以促进高校学生网络心理健康发展。

第三，增强网络传播途径立法，提升网络管理质量。互联网传播的途径直接决定着互联网信息的传播范围和方向，而互联网传播途径的管控和监督不到位必然会导致互联网环境的管控难度增大，甚至出现管控失调的现象。近年来我国政府不断出台相关规定，要求各种利用互联网进行营利的场所如网吧等对青少年限制性开放。这些措施虽然在一定程度上强化了对互联网传播途径的管理，但是由于新媒体时代网络传播途径多样化、复杂化等问题，相关制度规定未能得到很好的实施，也就使得对新媒体时代高校学生的网络教育管理工作迟迟得不到良好的推行。因此，想要更好地提升新媒体传播途径的管理质量，我国需要进一步完善和修订相关法律法规，加强网络传播途径立法的针对性，制定更适用于新媒体时代的互联网使用管理制度，如针对手机、平板电脑等上网方式进行强制实名制管理，依据各种智能软件内容制定相应规范性法规等，从多种渠道规范高校学生上网行为，避免他们的身心受到侵害。

（二）构造健康校园网络环境

新媒体时代高等学校的教育者在营造有利于高校学生网络心理健康发展的校园环境时，必须从网络环境和现实环境两方面入手。在加大对校园网络技术和内容上的提升与管理的同时，通过各种适应新媒体时代网络心理健康教育的现实活动活跃网络氛围，借助这种双管齐下的方法，实现网络心理健康教育效果的最大化。

第一，创新校园网技术，在技术上进行鼓励支持。过去教育者常认为对网络环境的管理重在控制，但随着新媒体时代的到来，高校学生接触网络的方式越来越多样化，强调控制的管理手段已经不再适合于新媒体时代。教育者应当改变思想观念，建立一个更受广大青年学生喜爱的网络平台，积极鼓励高校学生使用网络平台开展互联网活动。比如，可以采用提升校园网络速度和覆盖范围的方式，并结合不同类型软件和智能设备的功能实现校园服务的功能。这样一方面有利于拓展高校学生教育管理工作的空间和渠道，另一方面也能够更好地对高校学生的网络活动进行规范和管理，更有效地发挥校园网的媒体宣传力和感召力。

第二，规范校园网管理，在内容上控制引导。反观过去的校园网络建设，在内容上都存在着陈旧刻板、僵化老套的问题，这种校园网络内容在新媒体时代精彩多样的互联网生活面前更显得不合时宜，难以吸引高校学生的关注，更别说抵御不良网络信息的传入，降低消极信息对高校学生的影响。因此，当前的高校网络心理教育工作应当加大对校园网内容的建设和管理，除了加强对校园网络内容和使用上的监督控制外，更应当积极利用各种新媒体科技、网络传媒手段，吸取当下热门平台的优点，如在学校的官方微博、微信以及校园贴吧内播放包含校园精神的宣传微电影、制作校园文化宣传手机游戏等，提升校园网络的内容质量，在校园网络的平台上占据主动性，让校园网络传播过程中充满正面积极的声音，通过引导来进行规范，通过提升来进行预防。

第三，活跃校园网络氛围，在环境上营造生机。实现校园网络氛围的活跃应当首先建设好更为迎合时代的校园网络平台内容，创建高科技校园上网环境，让校园网络由内到外散发出新的活力和生机。如采用各种智能科技建设校园网手机平台，营造一个科技化的校园环境。另外还要在校园活动的帮助下实现更为健康的网络教育，让高校学生在这种呼应中了解各种网络心理健康知识，适应虚拟与现实生活的转换。例如，在课余时间组织高校学生进行网络心理健康知识话剧表演、举行网络心理健康知识竞赛活动、组建心理社团、发起各种网络心理健康的活动、为高校学生播放各种包含健康心理知识的“微课”“微电影”等，让高校学生真实性参与到网络心理健康的教育活动中，引起他们的心理共鸣，营造出和谐的网络心理健康教育环境。

（三）营造良好网络家庭环境

很多人关于家庭对高校学生网络心理健康教育的作用持怀疑态度，认为家庭虽然具有一定的监督辅助作用，但实际教育意义不大，其实这正是当前我国高校学生网络心理教育的误区。家庭除却对人一生心理成长具有重大意义外，家长对高校学生进行的亲情教育、生命教育，在入学前对高校学生进行网络科技知识的认知教育，以及让他们形成良好的用网习惯，这些都可以对新媒体时代高校学生网络心理健康教育产生积极影响。

首先，通过家庭进行网络科技教育，提升科技使用的正确认知。高校学生网络素质教育的提升依赖于家庭的网络科技教育，在对高校学生进行新媒体时代网络素质教育、安全知识教育以及法制观念教育时，家长应当积极地与其他教育者进行配合，对高校学生进行新媒体科技认知教育，让他们对当下的智能网络科技以及其所带来的利弊有一个清晰的了解。比如，在高校学生进入大学前主动帮助高校学生学习电脑、手机等智能网络工具，在教他们如何使用这些工具的同时，引导他们浏览健康网页和软件，告诉他们网络上哪些信息属于不良信息；清楚地告诉他们沉溺和不当使用这些科技产品的危害。家长在这种教育互动中，提升了高校学生的网络科技认知，也提升了他们的网络素质，通过这种教育互动，还能使家庭关系更加和谐，让亲子之间的关系更为亲密和融洽。

其次，就可以与高校学生制订家庭网络公约，使他们养形成良好的网络使用习惯。高校学生进入大学后，在自我价值认识和自我时间把控上有了更多的自主性，学校教育已不像中小学那样对他们具有巨大的威慑力。因此发挥家庭对他们的约束力，让他们在家庭中就形成一个良好的网络使用习惯，能够给网络心理健康教育工作提供很大的便利。家长可以利用假期或者高校学生入学前，给高校学生制订一个强制性的家庭网络公约，规定他们使用手机等电子产品的时间，让他们自己学会如何合理分配自己的学习和娱乐时间。这种方法不仅能有效预防高校学生进入大学生活后由于生活环境的转换而形成不良的网络使用习惯，还能扭转并解决一些高校学生已经形成的不良网络使用习惯和网络心理问题。

最后，加强网络亲子互动，促进家庭网络沟通与监控。家长通过各种亲情教育、生命教育以及对高校学生进行个性和认知的培养教育，能够有效地发挥他们对高校学生网络心理健康教育的影响，同时家长通过各种网络中的亲子互动和网络家庭活动，能够以实现与高校学生之间的良好沟通，做到对网络心理健康的教育和对网络心理问题的监督。因此，家长应当与高校学生的日常生活接轨，使用他们日常交流所使用的手段来进行沟通、互动，利用这些网络软件和平台在第一时间掌握高校学生的动态，而采用这种教育方式最重要的是家长在整个教育过程中要保持正确的心态，不要把这种方式转变为僵化的教育，将网络互动变成网络监督，这样不但不能达到沟通的效果，反而会适得其反。

四、拓宽新媒体时代高校学生网络心理问题教育途径

面对新媒体时代带来的新挑战，教育者要不断寻找更为科学有效的教育方法，并尝试借助各种新媒体科技手段实现对高校学生网络心理健康的教育，抵御网络

科技给高校学生带来的负面影响。而这些蓬勃发展的互联网科技如果能够被教育者更为合理和高效地应用，发挥它们对高校学生意识形态的积极影响力，不仅仅能够给高校学生网络心理健康教育工作的开展带来福音，更能够成为日后新时代网络思想政治教育的有力武器。

（一）搭建网络心理健康知识宣传教育新媒体传播平台

在新媒体时代利用各种新兴网络科技对高校学生进行网络心理健康教育，离不开对各种网络心理健康知识宣传教育新媒体传播平台的搭建。依托这些新媒体传播平台一方面可以对高校学生进行多种网络心理健康知识理念的宣传教育，另一方面也能够对各种网络心理健康活动进行有效管理。在搭建各种网络心理健康知识宣传教育新媒体传播平台时，应当将政府的管理作用、社会的服务作用和学校的教育作用三方有效结合，建立一个全方位多体系的“微系统”，让高校学生能够轻松愉悦地从中获益。

第一，政府网络舆论传播管理平台的构建。政府需要扶持建立一大批专门针对并且适合青少年的网站和智能软件，专门将其用户群限定为青年学生，在内容上组织各种教育专家和学者进行优化管理，将社会主义核心价值观以生动活泼的方式植入其中，构建政府网络舆论传播管理平台，在预防新媒体时代网络心理健康问题同时，给高校学生构建一个富有科学性、知识性和趣味性的网络环境。

第二，社会网络心理服务咨询平台的组建。社会网络心理服务咨询平台的组建包含两方面的工作。一方面，建立一些以开展新媒体时代高校学生网络心理健康服务为目的的社会网络平台。这些网络平台以网络心理知识传播、网络心理健康咨询为内容，例如，征集一些心理专家建设高校学生网络心理问题咨询微博、微信。另一方面，是借助一些现有的已经具备一定影响力的网站、软件公司，将它们纳入社会网络心理健康服务咨询平台，发挥它们原有网络心理健康咨询作用的同时，形成一个覆盖面更广和针对性更强的网络心理健康服务咨询体系，比如，可以和“壹心理”等网络平台合作开设一个高校学生网络心理健康模块，借助微博客户端的“微访谈”等组织专门针对高校学生的网络心理健康问答活动。在新建的社会心理服务平台上学习各种商业网站的模式和方法的同时，利用这些网络平台辐射更多高校学生用户群。

第三，校园网络健康教育引导平台的建设。我国许多高校虽然建立了专门的网络平台，但是这些网络平台往往由于针对性差、内容老旧等原因，并没有在高校学生中起到有效的教育和引导作用。为此在建设新媒体时代校园网络健康教育引导教育平台时，教育者应当具有发散思维，将目光放长远，最大限度地发挥高校学生在校园网络健康教育引导平台建设中的主体作用。比如，将校园网络健康教育引导平台的建设延伸到微博、微信等高校学生利用率比较高的热门软件中，在原有的校园网中进行各种以网络心理健康为主题的网页设计大赛、进行网络心理健康文明征稿等活动。同时组建各种学校的官方微博、微信，在这些平台中宣传各种网络心理健康问题预防和自我疏解的知识，制作各种校园网络心理健康公开课。在提高高校学生对网络心理健康关注度和积极性的同时，搭建更有实际意义的网络心理健康知识宣传教育新媒体传播平台。

（二）完善高校学生网络心理健康新媒体档案及网络心理健康新媒体管理机制

目前，一些高校在完善高校网络心理的新媒体科技管理机制这一层面尚处于起步阶段，还有各种系统性和细节性的工作需要完成，工作十分繁杂。但通过对各项研究进行总结发现，我们可以通过完善心理健康新媒体档案、完善新媒体管理机制以及建立沟通监督渠道三点下手，探索健全网络心理健康教育的有效模式。

第一，完善高校学生网络心理健康新媒体档案。完善高校学生网络心理健康新媒体档案是了解高校学生网络心理健康状况、掌握高校学生网络心理健康变化的最直接和有效的方式。完善学生网络心理健康新媒体档案时，首先，教育者要对网络心理健康新媒体档案所需要的资料进行详尽的规划，档案尽可能地覆盖到影响高校学生网络心理健康的各个方面。其次，要从高校学生入学开始对他们的档案进行记录保存，并定期进行更新。再次，在档案资料收集上一定要利用当前各种新媒体科技手段，加大资料收集的便利度。如制作可以同时在电脑和手机上使用的网络心理档案软件，在入学时让高校学生填写自己的心理健康相关信息，此后除了每个学期让高校学生自行更新外，教育者还可以通过这个软件对平时收集到的信息进行增添和备注。这样一方面有利于高校学生对自己网络心理健康状况进行了解，另一方面也有利于网络心理健康新媒体档案的收集和整理。

第二，完善网络心理健康新媒体管理机制。在组织和建立网络心理健康管理队伍后，发挥科技效力、便利网络健康管理工作、增强队伍的紧密性需要完善网络心理健康新媒体管理机制。教育者可以利用“微科技”手段完善网络心理健康管理机制，就是在网络心理健康新媒体档案管理的工作中尽可能地运用各种互联网科技，如高校可以专门制作一个适应网络心理健康管理工作的智能网络系统，各级教育者随时通过自己的电子设备进入这个系统，系统与高校学生的网络心理新媒体档案软件相连接，将他们在日常工作中收集到的资料填充到高校学生网络心理健康新媒体档案中，并在这个系统中对高校学生网络心理健康进行评估。同时在这个系统中，教育者能够及时看到校内各级单位发布的网络心理健康教育相关活动的公告以及日常工作的汇报总结，也能够及时通过这些信息进行网络心理健康教育活动的组织和规划，及时地了解各单位的工作进度，提高他们的工作效率。

第三，建立沟通监督渠道。新媒体时代网络心理健康的沟通工作不需要专门建立一个网络系统，因为这项工作的进行重在其便捷性和接受度。因此在打通网络心理健康的沟通监督渠道时，应尽可能使用高校学生和教育者日常较为熟悉常用的工具和方法，比如，以班级为单位建立网络心理健康主题的微信群、QQ 群、网络心理健康讨论贴吧等。一方面是因为这些软件的普及度较高容易实现，另一方面这种依托于最新科技的沟通方式，可以有效地降低高校学生的抵触和防范心理，从而使教育者切实把握他们的上网习惯，了解他们的日常动态。

（三）成立网络心理健康教育“微社区”

网络心理健康教育“微社区”是在利用已经完善的网络心理健康知识宣传教育新媒体平台和网络心理健康教育新媒体管理机制的基础上，以网络社区的模式，构建一个家庭、学校及社会三方一体的网络心理健康教育环境。在这个环境中，教育者除了能更好、更快地接受和学习到各种网络心理健康知识外，三方的网络心理健康教育功能也被新媒体科技手段联系和发挥出来，从而形成一个足以应对新媒体时代发展的高校学生网络心理健康教育网。

第一，建立教育者网络心理健康教育知识普及“微社区”网。向教育者普及网络心理健康教育知识是提升教育者的网络心理健康教育水平、构建网络心理健康教育“微社区”的理论基础。在构建网络心理健康“微社区”平台时，应专门将网络心理健康教育相关知识普及作为内容之一，让这项内容成为营建社区文化、凝聚社区教育者教育的力量。同时由于这些“微社区”的建立主要面对高校学生网络心理健康的教育者，其知识普及一定要有明确的针对性，如设计专门包含家长课堂、家长辅导专栏的手机课堂，教育家长如何进行网络心理健康知识的学习和如何发现孩子的网络心理健康问题，并鼓励他们通过“微社区”等微社交方式与该社区内的其他家长、教育者甚至教育专家进行交流。构建高校学生心理健康教育者云端，在这个云端中，广泛征集各个社区网络心理健康教育新理念、新方法及各种经验，家长和教育者可以通过手机或电脑云端直接上传和下载这些资料。以这些知识网络作为构建网络心理健康教育“微社区”建立的起点，逐步丰富和完善我国高校学生网络心理健康教育工作。

第二，构建网络心理健康问题多方监督咨询联动“微社区”网。将家庭、学校、社会三方网络心理健康教育和网络心理健康多方监督咨询联系起来的具体方法便是构建多方联动的“微社区”网，在构建“微社区”网时，教育者应当发动现实中相关社区的力量，征集社区内有心理健康教育相关知识的人组织网络心理健康教育志愿者队伍，如各大医院心理专科医生、心理学专业学生等。在通过各种新媒体科技手段加强单个志愿者之间的联系和互动的同时，通过这些志愿者将网络心理健康教育知识和教育理念传播出去，引起全社会对网络心理健康问题及其教育的关注。此外，可以发动这些“微社区”的力量，多方教育者联动，管理和过滤网络中各种不利于高校学生网络心理健康的负面信息，使其发挥网络心理健康问题举报联络机制和信息分享作用，在促进教育者之间现实联系的同时也有助于密切教育者之间的沟通。

第三，增设青年网络法律支持援助服务“微社区”网。在开展新媒体时代网络心理健康教育工作时，教育者一定要加大对青年高校学生网络法律知识的普及和网络法律援助力度，从法律支持及援助入手，增强高校学生对网络伤害的抵御能力，从而起到预防网络心理健康问题作用。应当在“微社区”设置高校学生网络行为法律支持援助服务网站和服务网，除了通过各种社区 App 和网页发布微广告、微电影等宣传推广各种法律知识外。首先，应当把社区内部的教育者动员起来，鼓励他们检举和揭发各种包含不法内容的网站、软件以及各种网络违法行为来配合政府的互联网环境管理。其次，在社区内设立各种线上法律支持平台以及开展线下网络法律咨询服务，使高校学生可以轻松地通过各种线上法律支援平台了解法律援助的过程并与线下相关支持人员进行咨询联系。这些法律援助社会“微社区”的建立不仅能提升我国对新媒体时代网络环境的管理水平，还能为我国制定青少年网络相关的法律提供大量的实证资料，以此更好地迎接新媒体时代给我国带来的挑战。

第五章　新媒体视域下高校学生就业指导与创业教育

本章为新媒体视域下高校学生就业指导与创业教育，共五部分内容，依次是高校学生就业指导概述、高校学生就业指导的现状与问题、新媒体视域下高校学生就业指导创新思考、高校学生创业概述、基于高校学生创业的新媒体建设管理策略。

第一节　高校学生就业指导和高校学生创业概述

一、高校学生就业指导概述

（一）就业指导的概念

一般来说，就业指导有着广义和狭义两方面的含义。广义的就业指导是指帮助劳动者根据自身的条件和外部就业市场的需求，选择适合自己的职业，并使其适应职业生活的过程。这个过程涵盖了职业规划、职业探索、职业定向、求职技能提升等，不仅是要帮助个体找到工作，还关注个体在其所选职业中的适应和发展。狭义的就业指导通常是指针对即将毕业的学生或新进入劳动市场的青年人，提供关于如何寻找工作、制作简历、面试技巧、职业规划等方面的指导和帮助。这种指导通常以短期的、具体的就业活动为目标，例如，帮助学生找到第一次工作的机会，或者为失业人员提供再就业服务。笔者之后将从广义的就业指导，对相关内容进行论述。

（二）高校学生就业指导的目的

1. 为高校学生指明方向

高校学生作为社会的未来力量，面临着就业的挑战。由于部分高校学生对社会和自身经验不足，他们容易对未来感到迷茫。在这种情况下，高校有责任为高校学生提供全方位的就业指导。这种指导并不仅仅是为学生提供就业信息，更重要的是帮助学生理解当前的就业形势与政策、帮助学生明确他们的职业目标以及教育学生如何克服择业过程中可能遇到的困难。高校应该帮助学生建立正确的就业观念，理解工作并不是简单的雇佣关系，而是个人与社会的互动，是自我实现和贡献社会的重要途径。通过这种方式，学生可以实现从学生到职场人士的顺利转变，为他们的未来发展打下坚实的基础。

2. 提升高校学生就业能力

高校学生就业能力的高低，直接决定了他们能否顺利进入社会实现自我价值。而就业能力的提升，不仅仅来自课堂上的知识学习，更需要与实践相结合，了解社会用人单位的需要，从而更好地适应市场需求。而高校就业指导工作，便是这样一个关键的桥梁。它通过提供实时可靠的就业信息，帮助高校学生了解社会需求，提升自身就业能力，从而帮助高校学生顺利进入社会，实现自我价值。在这个过程中，高校就业指导工作扮演着重要的角色，是高校学生实现就业目标的重要保障。

（三）高校开展就业指导工作的必要性

1. 是新时代发展的要求

高校教育的核心目标不仅仅是传授知识，更重要的是培养国家和社会所需的高素质人才。当这些毕业生无法顺利融入社会，其后果不仅仅是增加了社会就业压力，更可能对社会稳定和国家现代化建设带来一定的影响。此外，高校学生如果无法在职场上实现自我价值，也会阻碍他们个人的成长和发展。

高校开展就业指导工作，是新时代发展的要求，这项工作不仅仅是为了提高毕业生的就业率，更是为了确保他们能够适应社会、为国家建设做出贡献。因此，高校不仅需要重视提升其教学质量，更要关注学生的全面发展，尤其是要培养他们的社会适应能力和就业技能。只有这样，高校才能确保所培养的人才能够满足国家发展的需要，同时也有利于促进社会的和谐稳定。

2. 是面对当前就业严峻形势的需要

我国目前的高校毕业生越来越多，虽然这对国民文化水平提升起到了至关重要的作用，但是这也在一定程度上造成了就业困难的问题。高校开展就业指导工作，是面对当前就业严峻形势的需要。

3. 是就业体制改革的需要

中国在就业体制改革方面取得了显著进步，其中高校毕业生就业制度改革是这一进程中的重要里程碑。然而，当前中国的就业形势依然严峻，高校毕业生在寻找工作的过程中需要接受专业的就业指导和培训，以提高他们的就业竞争力。因此，在高校开展就业指导工作是就业体制改革的需要，具有至关重要的意义。通过为高校毕业生提供有针对性的就业指导和培训，高校可以帮助他们更好地了解就业市场和行业动态，提高他们的求职技巧和实际能力，从而增加他们的就业机会。这不仅有利于缓解当前就业市场的压力，也能够提高高校毕业生的综合素质和就业竞争力，为他们的未来发展打下坚实的基础。

（四）高校开展就业指导工作的意义

1. 有助于高校学生成才以及顺利就业

高校学生在选择职业时，不应仅仅基于一时的兴趣或者听从父母的建议。这是一个关乎学生个人未来发展与成就的重要决定，高校学生需要认真考虑自己的兴趣和能力。可以想象，如果一个学生选择的职业与自己的兴趣能力都不匹配，那么他在工作中可能会感到力不从心，甚至产生消极情绪，这无疑限制了他的发展潜力，不利于他为社会做出贡献。每个高校学生都有自己独特的喜好。有的人喜欢与人打交道，适合从事销售或公关工作；有的人喜欢研究和创新，适合从事研发或设计工作；还有的人喜欢帮助他人，适合从事医疗或教育等工作。因此，高校应该提供全面的就业指导服务，帮助学生深入了解自己的兴趣和优势。除了兴趣，能力也是选择职业时需要考虑的重要因素。学生需要明确自己的技能和特长，如逻辑思维能力、沟通能力、领导力等，这些能力在他们未来的职业生涯中会发挥相应的作用。同时，高校还应提供一些实用工具和资源的培训，如专业的简历制作、面试技巧、行业趋势分析等。高校开展就业指导工作有助于高校学生成才以及顺利就业，还可以帮助学生更好地展示自己的优势和潜力，增加他们在就业市场上的竞争力。

2. 有助于高校毕业生资源的合理配置

中国需要大量的人才来推动经济社会的持续发展，而高校毕业生作为国家重要的人才资源，对于国家的现代化建设起着举足轻重的作用。然而，在现实中，许多高校毕业生在寻找适合自己的工作时常常遇到困难，而用人单位也经常苦于找不到符合他们需求的人才。这种情况下，高校就业指导便显得尤为重要。高校就业指导不仅仅是帮助学生找到工作，更是一个连接用人单位和高校学生的桥梁，有助于高校毕业生资源的合理配置。通过系统性的指导和培训，高校就业指导能够帮助学生更好地理解就业市场的需求，提升自身的就业竞争力，找到适合自己的工作。同时，它也能帮助用人单位更好地了解高校学生的能力、需求和潜力，从而帮助用人单位找到合适的人才。高校就业指导的重要性不仅体现在其对于学生和用人单位的连接作用，更在于其对于社会稳定和繁荣发展的贡献。当学生能够顺利地找到适合自己的工作时，社会的稳定性就更容易得到保障。同时，当用人单位能够找到符合自己需求的人才时，社会的经济发展也会得到有力的推动。因此，高校的就业指导工作对于社会的稳定和繁荣发展起着至关重要的作用。

3. 进一步深化我国高等教育体制改革

高校实现毕业生顺利离校并成功就业，无疑是高校教育改革目标实现的关键标志。随着高等教育体制改革、毕业生就业制度的变革，高校面临着新的挑战。毕业生是否能够在社会中立足，是否能够适应社会用人单位的需求，不仅反映了毕业生的个人竞争力，更代表了高校的办学水平和教学质量。在这样的背景下，高校的就业指导工作扮演了至关重要的角色。它不仅是连接学校和用人单位的桥梁，更是能毕业生提供帮助。通过就业指导，毕业生可以获取用人单位的反馈信息，了解自己的优势和不足，从而更好地适应社会。同时，就业指导也是高校获取外部评价的重要途径。通过用人单位的反馈，学校可以及时调整教学和管理策略、优化课程设置、提升教学质量。同时，这些反馈对于深化我国高等教育体制改革、提升高校教学质量、助力高校培养出更符合社会需求的人才具有重要意义。因此，高校应当重视就业指导工作，不断优化和完善相关内容，进一步深化我国高等教育体制改革，以更好地服务于高校毕业生和整个社会。

（五）高校学生就业指导的现状与问题

高校提供了全方位的就业指导服务，大部分高校都设立了专门的机构和团队，相关教育人士还通过各种方式，如课程教授、一对一咨询等，为学生提供了丰富的就业知识和技能。通过这些努力，高校在就业率、企业满意度等方面取得了显著的成果。尽管如此，就业指导仍然受许多因素影响，导致部分就业指导效果仍需提升。

1. 就业指导理念落后

我国高校现有的就业指导方针已不能满足日益严峻的就业市场，就业指导理念落后，高校需要对就业指导理念需要进行全面的升级。这不仅应重视理论知识的传授，更应强调实践能力的培养。在指导学生就业的过程中，高校不仅应考虑到市场的需求，还应结合专业的特点，使人才培养更加符合职业发展的趋势。为此，高校应成立专门的就业指导机构，扭转长期以来重理论、轻实践的就业指导理念，强化实践在教育中的重要性，并通过多种方式提高毕业生的就业率和专业对口率。

2. 就业指导体系不系统

高校能够普遍认识到就业指导的重要性，然而，在政策支持和细化方面还存在不足。为了提高学生的就业率和创业率，许多高校已经出台了相关政策，但部分高校还缺乏明确的就业指导体系。为了解决这个问题，高校应该进一步系统化自身的就业指导体系，采取差异就业指导模式。这种模式可以帮助不同类型的学生根据自身特点和市场需求，提升自身能力，提高就业竞争力。同时，高校也应该加强对学生的创业教育，鼓励他们勇于尝试创业，提高创业成功率。

3. 学生认可度不高

一部分学生认为只有专业课才重要，将绝大部分精力都放在专业课的学习上，对就业指导不甚在意、认可度不高。这就导致了许多学生认为就业指导是可有可无的，高校想要提升就业指导的效果，就应提高学生对就业指导的认可度。

4. 就业指导缺乏全程化

高校就业指导工作应当贯彻高等教育的全程，针对不同年级学生的特点，就业指导内容和要求应有所不同。对于大一新生，就业指导工作应着重于帮助他们适应大学生活，了解专业前景和就业方向。对于大二、大三的学生，就业指导工作应注重培养他们的职业素养和技能，为他们提供实习机会和职业规划建议。对于大四的学生，就业指导工作则应更加关注他们的就业心理和面试技巧，提供就业信息服务和求职指导。就业指导教育是一项长期的工作，应当贯穿学生的大学生涯。这种教育旨在帮助学生树立正确的价值观和人生观，理解并接受社会主流价值观，从而帮助学生在未来的工作和生活中更好地适应社会。高校学生就业指导教育工作的目标是培养高校学生如何做事、做人，以及在未来的职业生涯中如何与人交往、合作。这种教育不仅关乎高校学生个人的职业发展，更关乎社会的和谐稳定。因此，就业指导教育工作应该从新生入学之日起就开始进行，只有让高校学生长期接受思想上的正确引导和教育，才能使高校学生养成正确的思维模式和良好的心理承受能力。当前，高校普遍存在毕业班才开设就业指导课程的现状，这显然不能满足学生的需求。因此，高校必须重视就业指导教育工作，改变这一现状，从新生入学开始就提供系统的就业指导教育，将就业指导全程化。只有这样，才能从根本上解决高校学生的就业难问题，提高他们的就业率和就业质量。同时，这也有助于提高高校的社会声誉和招生吸引力。

5. 就业指导形式单一和内容陈旧

高校学生群体，一直以来都是国家与社会的未来支柱。然而，近年来由于高校的持续扩招，使得这个群体变得空前多样化。来自不同地域和文化背景的学生，他们的需求和特性各异，这给高校的就业指导工作带来了巨大的挑战。面对如此复杂的学生群体，提供精准、有针对性的就业指导显得尤为重要。遗憾的是，当前部分高校的就业指导教育形式较为单一、内容略显陈旧，缺乏灵活性和个性化。这样的就业指导方式往往不能引起学生的兴趣和重视，使得原本珍贵的就业指导课程变得浪费时间且效果不佳。更令人担忧的是，由于一些高校不能及时适应国家的新政策和形势，这些高校的学生获取的就业形势和政策信息常常与当前的实际情况不符。这种信息的脱节，并不利于高校学生的实际就业，也很可能会对高校学生的就业信心产生负面影响，使得他们在面临就业选择时更加迷茫。面对这样的困境，高校必须认识到就业指导教育改革的迫切性。首先，高校要针对不同学生的需求和特性，提供个性化的就业指导服务。其次，高校要更新就业指导的方式，使其更加灵活、生动、更能吸引学生的兴趣。最后，高校还要及时关注国家政策的变化，确保学生们获取的就业信息是最新、最准确的。

6. 就业指导教师数量不足和就业指导结构不健全

虽然现在很多高校能够意识到就业指导教育工作的重要性，配备了专门的就业指导教师，但是就业指导教师数量仍然不足，就业指导结构也需要进一步完善。全国高校大量扩招，高校学生人数迅速增长，但是对高校学生进行就业指导教师人数却没有随之增加。按教育部规定："原则上可按 1 ∶ 120～1 ∶ 150 的比例配备专职学生思想政治工作人员"[1]。虽然有这样的规定，但当前，一些高校学生就业指导教师队伍的问题在于其组成过于单一，缺乏多学科背景。这使得就业指导教师难以满足学生在心理、道德法律、经济政策等多方面的需求。在现有的就业指导教师队伍中，大部分人员都是思想政治教育专业背景，他们的知识和技能可能已经无法应对现今多元化就业市场的需求。面对这样的现状，高校必须采取积极的措施。首先，高校需要从多个学科领域引进具备专业知识和技能的教师，形成一支具备多学科背景的就业指导教师队伍。这支队伍不仅能够为学生提供最新的就业市场信息，还能够根据学生的不同需求进行个性化的指导。其次，对于已经在职的就业指导教师，高校也需要为其提供持续的培训和发展机会，鼓励他们不断更新自己的知识和技能，提升自身的专业素养和综合能力。最后，高校还可

① 王克．高校学生工作学概论[M]. 广州：广东人民出版社，2009.

以通过举办定期的研讨会、讲座等活动，让就业指导教师分享自己的经验和见解，促进他们之间的交流与合作。通过这些措施的实施，高校不仅可以提升高校学生就业指导的质量和效果，还可以为学生的全面发展提供更好的支持。学生将能够获得更全面、更深入的就业指导，从而帮助他们更好地适应和应对未来的就业市场。

二、高校学生创业概述

（一）创业的概念

对于创业的概念，中国与西方有不同的看法。中国传统文化认为，创业就是创立基业。在西方文化中，创业有两种表述形式，venture 和 entrepreneurship。前者是动词，表示冒险创办企业；后者是名词，表示静态的创业状态或创业活动，是从企业家、创业者角度来理解创业。最早对创业做明确定义的学者是奈特(Knight)，他认为创业是一种成功预测未来的能力。熊彼特（Schumpeters）认为，创业是实现创新的过程。科兹纳（Kerzner）指出，创业是正确地预测下一个不完全市场和不均衡现象在何处发生的套利行为和能力。盖纳特（Gartner）则认为，创业是建立新组织。洛・麦克米兰（Low Mac-Millan）认为，创业已经超越了传统的创建企业概念，在公司的各个阶段都存在创业活动，并提出了一个定义：创业是一个可以实现思考、推理和行动工作的方法，这一过程不仅会受到机会的影响和制约，还需要具备一套系统化的创业实施方法，并在实施的过程中平衡领导的艺术。

显然，创业的定义可以被分为广义与狭义两种。从广义的角度看，创业可以被理解为一个人根据自己的性格、兴趣、所学专业、能力等选择适合自己的职业，并为这个职业的成功准备各种条件，最后实现自己人生目标的过程和结果。从这个角度来讲，人生就是创业。

狭义的创业内涵说的是自主创业，也就是创业者个人出于改变择业观念的目的，利用资源所有者的社会资本、能力、知识等内容，在寻求合作、技术入股、自筹资金的方式形成一个新的经济单位。

（二）创业的主要特征

创业具有自身鲜明的特征。经过长期的研究与分析，笔者对其做出了总结，这些特征主要可以被归纳为以下五点：

1．自觉性特征

自觉性，无疑是创业的首要特征。其原因在于，创业是创业者自觉做出的选择，是其能动性的反映。

2．创新性特征

创业的核心动力就是创新，创业的过程实际上就是创新的过程。创新的人才必须具备创新的动力、创新的意识和创新的精神。只有在创新的促进作用下，企业的生命力才能够得到延续。

3．利益性特征

创业以增加财富为目的，没有利益的驱动，就没有人能够承受创业所面临的风险。创业过程中实际获得的利润量，也是人们对创业者的创业效果做出的评估。

4．风险性特征

创业是有风险的。通常情况下，创业可能有以下风险：

①政策风险，尤其是面对一些临时性特征较为突出的政策法规，这些法规对初创型的企业会产生较大的影响。

②决策风险，企业制订的决策方案所产生的机会成本也是不同的，经营者对市场的了解如果出现了漏洞，那么这种风险的影响范围将是十分广泛的。

③市场风险，如出现了更为强势的竞争对手，导致竞争的问题加剧，市场的形势也会出现较大的变化。

④扩张风险，如果企业快速或者是盲目扩张，那么企业的发展就不能够和市场的需要匹配，这种问题是非常危险的。

⑤人事风险，这一风险不仅体现在企业组织的日常运行过程中，还体现在员工不能够满足创业企业的人事管理要求上。

5．曲折性特征

在创业的过程中，创业者往往会受到许多挫折。所以，创业者必须经过多年艰苦奋斗、倾注大量心血，才能获得成功。创业者必须做好“吃苦”的思想准备，只有在困难面前不屈不挠，才有可能获得最后的成功。

（三）高校学生创业的要素

不同的学者对于创业过程从不同角度划分的具体的分类阶段各不相同，但无论怎么进行分类，创业的基本要素都不会改变——创业团队、创业资源、创业机会。

1. 创业团队

创业团队是一个具有共同目标、愿意承担责任，并愿意奋斗的群体组织。是一个把感知到的机会落到实处，转化为价值或使用价值的过程，必须通过社会性组织的努力和行动来实现，为了让新创组织良好的运作和发展起来，我们应该构建起一个具有创造力的创业团队。创业团队能够带来许多好处，如创业团队中的成员，能同时从多个融资渠道获取创业资金，保证创业资金的充足、创业团队具有更强的资源整合能力等。

2. 创业资源

在创业的过程中，创业者应该注意对创业资源的使用，因为创业资源是企业在初创阶段所必备的条件。对创业资源的管理，就是在创业者开展创业活动之后，结合创业的机会，合理配置创业的资源，使得资源和创业机会能够实现充分地融合，提升创业的效果，创业资源整合对于创业过程的促进作用主要是通过创业者制订和实施创业规划或者创业战略来实现的。

3. 创业机会

新兴市场往往蕴藏着新的创业机会，而新的创业机会就表现在生产要素系统矛盾运动所显示出来的市场信息之中。创业机会是创业过程的核心要素和首要条件，创业者也应是对变化着的环境或者被普通人忽视了的机会保持机警的人。

（四）高校学生创业的资源

高校学生创业的资源主要分为两种主体资源与客体资源。下面，笔者主要围绕这两部分内容展开具体论述。

1. 主体资源

在资源整合过程中，资源整合能力具有十分重要的意义。显然，创业者所拥有的主体资源将对创业绩效产生重要影响，在此笔者将针对高校学生创业的主体资源对其创业的影响予以分析。高校学生认为创业存在很多种障碍因素，在所有的障碍因素中，排在前三位的分别是资金问题、创业经验与社会关系问题。

纵观我国目前所有的创业群体，与城镇新增劳动力、农村富余劳动力和下岗失业等人员相比较来说，高校学生接受过系统的高等教育、富有激情、知识储备相对丰富、具有强烈的创业愿望和良好的创业潜质，是资源禀赋最好的创业群体。高校学生拥有的这些创业主体资源是其创业的优势之一，经过有针对性的创业教育与培养，高校学生的创业能力可以得到进一步提升，可使其在创业过程中有效整合创业资源，从而实现成功创业。

2. 客体资源

高校学生创业的客体资源主要有以下几种：

（1）信息资源

创业企业科学决策的依据之一就是信息资源，我国各级政府及社会组织充分运用现代信息技术，为创业高校学生提供创业项目、引导学生强化信息意识。我国各级政府及社会组织可以联手构建一个高校学生创业项目库，积极举办创业项目的展示和推广活动，借助高校学生联谊会等多种形式，组织一个高校学生平等交流的平台。

（2）资金资源

资金资源是高校学生创业重要的客体资源之一，其原因在于充足的资金将有助于加速新创企业的发展。中国各级政府、高校及各类社会组织开创了多种多样的融资渠道，为高校学生创业提供资金资源。国家以及各地方政府为了更好地在资金上支持高校学生开展创业活动，纷纷发起创业资金项目，为高校学生创业提供了充足的资金资源。

（3）教育资源

在高校学生创业的客体资源中，除了以上两点以外，还有一点需要笔者在这里进行具体论述，即教育资源。下面，笔者主要围绕这部分内容展开具体论述。

教育资源十分重要，因为它是高校创业教育的重要影响因素，而拥有大量高质量创业教育师资是其核心环节。教育部和社会各界在为高校学生提供创业教育平台、培训创业师资等方面展开了有益的探索。

教育部开展了骨干培训班、创业教育人才培养模式、创新实验区等多种途径的高校创业教育师资培训活动，以提升高校创业教育教师的素质。国家出台一系列的政策，以推进开展高校创业教育。政府和各地高校通过各种渠道邀请创业成功者和企业家、投资家走进高校创业教育课堂，担任创业导师，通过一对一方式对高校学生进行针对性创业辅导。

在国家和各级政府的推动下，高校创业教育有了长足的发展，高校学生的创业素质得到了很大程度的提升，加之各省、市在场地资源、资金资源、教育资源、信息资源等创业资源方面为高校学生提供了大量扶持政策和配套措施，各级政府、社会媒体对高校学生创业给予了高度关注、大力宣传，形成了比较和谐的高校学生创业社会氛围，高校学生创业的主体资源和客体资源日益完备，高校学生创业环境向着成熟的方向发展。

（五）高校学生创业的机会与风险

1．高校学生创业的机会

笔者将对高校学生创业的机会进行一番探讨，内容包括高校学生创业机会、创业机会的特征、识别过程。

（1）高校学生创业机会

创业机会就是高校学生在创业的过程中找到有效的市场需求，提供能满足这种需求的产品或服务，同时还能从中获益的经营机会。

高校学生最好依托自身的优势来进行创业，进而逐渐提高创业活动的层次。高校学生创业者了解年轻人市场，有较强的信息搜集能力和丰富的创意，这些都有可能帮助高校学生创业者找到适合自己的创业机会。下面，笔者将对高校学生创业的典型机会展开具体论述。

①小产品的品牌化经营

高校学生创业充满挑战与机遇，选择合适的创业方向是其成功的关键。在零散型产业中，日常用品和农产品等小产品常常被业界忽略，但它们却是潜在的商业机会。通过品牌化经营，高校学生创业者可以打造特色品牌，使产品具有独特性和差异性，避免同质化产品导致的价格竞争。高校学生创业者需要转变传统的经营思路，提升产品的档次，并加入创意元素，可以满足消费者日益增长的健康、环保、品质等需求。通过这种方式，高校学生创业者可以降低创业门槛和风险，在激烈的市场竞争中脱颖而出。

②具有技术含量的新产品

在创业的过程中，高校学生创业者应该积极利用创新的技术，努力开发出新的产品和服务，为公司设立一个模板，将创新产品的生产和销售变为现实。在开发新产品的过程中，高校学生创业者不能够仅仅依靠某一个人的力量，而是应该结合团队的作用，才能够生产出具有更高科技水平的产品。高校学生创业者自身如果无法开发新产品，那么他们就要寻找可以合作创业的新产品开发者，这需要高校学生创业者与研发人员的能力互补。这种创业可以获得政府相关机构的大力支持，尤其是与政府产业扶持政策相关的战略性新兴产业和其他重点产业，更是有可能成为政府关注与扶持的典型创业项目。

③特色零售店或服务项目

其实零售业和服务业的入行门槛并不高，对团队、技术、资金等因素的要求也不严格，其服务的群体类型是十分多样的。这个行业对于高校学生创业者而言，是十分友好的。在零售业和服务业，最为关键的是做好商业模式和服务模式的创新工作，高校学生创业者如果在创业过程中，结合自己的具体创意，那么就有可能开创出更为新颖的服务模式。

④网上开店、网络服务

当今的高校学生几乎每天都会接触互联网，所以对其非常熟悉，在互联网经济的影响下，网络上的创业机会也是十分丰富的。较为基础的网上创业模式就是开网店，并在淘宝网等购物网站上创立一个账号，实现产品的贸易。想要实现良好的网上贸易效果，就必须从根本上理解网上购物的行为模式，对产品的类型做好划分，展示出高质量的产品内容，还应该做好客户的维护，从而提升网点的基本利润。另外，高校学生创业者应该借助自己对互联网运营模式的了解，以低廉的成本实现客户价值的提升。

⑤满足高校学生生活、学习需要的产品或服务

高校学生创业者比较了解学生市场的需求，所以往往会首先考虑从这个方向开始创业。高校学生创业者可以通过回顾自己在大学生活中遇到的问题或不满的地方，也可以通过访谈在校的高校学生，了解高校学生的各种重要需求，然后从中挑选出最适合自身资源的创业机会。做校园代理是高校学生常见的创业方式，如可以代理考研、考证、旅游、手机卡等高校学生常用的产品，这些业务的成本和风险都比较低。

⑥借鉴国外经济和技术的发展经验

在世界范围内，发达国家的经济和技术水平都是遥遥领先的，它们经济发展会对中国的发展产生较大的影响。高校学生创业者应该使用发展和进步的视角来看待国外经济和技术的发展，从国外不同的经济和技术发展阶段中获得借鉴的经验。这样做的目的是减轻高校学生创业者的压力，并为创业提供一定的借鉴经验。

⑦个性化的产品或服务

在高校学生的创业过程中，除了上述的几点内容值得参考之外，他们还需要考虑当下，消费者需要个性化的产品和服务。

和过去的情况相比，如今消费者对产品的个性化提出了更高的要求，为了保证产品能够获得消费者的青睐，高校学生创业者应该全面了解市场的具体需求。高校学生创业者在开展创业活动的过程中，不仅应该为自己的产品寻求个性化的转变机会，还应该在商业模式上提升创新的水平，在寻求个性化服务的过程中，

应该保证规模化经营的效果，将经营的成本维持在一个较低的水平上。这种个性化较强的创新机会，能够实现在新行业中使用其他行业特点的目的，从而满足客户的多样化需要，发掘新的市场，创造出更为新颖的商业模式。

（2）创业机会的特征

对于创业者而言，只要抓住了机会，就获得了成功的希望；但若是失去了它，那么就会错失千载难逢的发展机遇，可能会让人悔恨终身。其实高校学生创业者正处在一个国家兴旺发达，创业人才辈出的时代。机会对每一个创业者都是均等的，高校学生创业者也被给予了同样的机会。不同的是，有的人发现了机会并抓住了他，而有的人却对机会视而不见，导致失之交臂。之所以会产生如此大的差异，除了创业者自身的素养之外，还因创业机会具有令人难以识别和把握的特征，主要表现在四个层面，具体如下：

①高度隐蔽性

高度隐蔽性是创业机会的主要特征之一，因为它是一种无形的事物，创业者只能凭感觉意识到它的存在，而无法用事物来表达它。机会总是隐藏在社会现象的背后，其真相往往被各种纷繁复杂的表面现象所掩盖，创业者通常很难找到它的踪迹，发现它的本来面目。正如法国文学大师巴尔扎克所说："机会女神总是披着面纱，难以让人看到她的真面目。"① 正是因为机会的这种隐藏性特征，才使它在创业者心目中如此宝贵与神秘、令人如此渴望和向往。如果机会没有这一特征，创业者一眼就能发现它，那么它也就会失去其魅力。

②快速易逝性

实际上，创业机会出现的时间很短，可以说是稍纵即逝。"机不可失，时不再来"，机会的快速易逝性表现在时间上稍纵即逝，一去不复返，内容上不可再造，不可重来。因此失去机会就是失去成功的机缘和财富，抓住了机会就如同搭上了通往成功的高速列车，其结果是不言而喻的。

③极大偶然性

事物的发展总是从量变到质变，量变时不易被人察觉，质变时让人猝不及防。创业者越是刻意地去寻找创业机会就越难发现它，而当创业者在毫无思想准备的时候它却突然出现，让创业者惊讶万分、兴奋不已。这样"踏破铁鞋无觅处，得来全不费功夫"的快感和"众里寻他千百度，蓦然回首，那人却在灯火阑珊处"的惊奇正是创业机会具有极大偶然性的生动写照。

① 刘平．创业攻略：成功创业之路[M]．北京：中国经济出版社，2008．

④鲜明时代性

在创业机会的特征中，除了以上三点以外，还有一点需要笔者进行具体论述，即鲜明时代性。下面，笔者将主要围绕这部分内容展开具体论述。

机会具有时代性，实际上机会是随着时代的发展而逐渐发生变化的，我们在现代的社会中，人们是绝对不可能使用100年以前人们做饭时所使用的厨房用具的。机会时代性特征，是指一定时代决定和孕育、产生各种机会并凸显时代的特色，同时赋予时代的内容。时代是机会产生的土壤，繁荣发展的时代能创造出大量的创业机会，为创业提供各种条件和保障。衰落动乱的时代因其政局不稳、经济衰败、民心混乱，自然也很难造就创业的机会。

总而言之，正确了解和认识创业机会的特征，主要是为了让高校学生创业者深刻了解机会的内在本质和重要作用。机会是一笔宝贵的无形资产，它可以为创业者提供成功的条件；机会是一列高速行驶的列车，它可以载着创业者快速到达成功的彼岸。忽视或轻视创业机会是不理性和没有智慧的表现，每一位创业者在创业的时候都要对创业机会有明确的认识。

2.高校学生创业的问题

在创业过程中，高校学生创业者必然会遇到各种各样的问题。

（1）高校学生创业不同阶段可能遇到的问题

①创业前期的问题

针对创业前期存在的问题，笔者主要从以下几点进行探讨：

第一，创业计划不明。创业无疑是一条创新又冒险的道路，如果创业者没有明确的创业计划，尤其是创业计划中关键的步骤、内容不明确，那么创业将不可能成功。创业计划不明就意味着盲目，而盲目势必会导致失败。创业计划的核心实际上就是创业目标，有了明确的创业目标就有了明确的创业计划。

第二，创业态度过于悲观。高校学生创业者在创业的过程中，往往不会一帆风顺，如果他是一个悲观的人，那么很难越过这道坎，而且会影响其他人的情绪，与最终的成功也无缘了。高校学生创业者面对创业危机时，保持乐观的心态十分重要，因为这种心态有助于让高校学生创业者保持创业的激情，我们反对过分的乐观和头脑发热，但一个过分悲观的人同样很难成功。

第三，创业资源不足。如今，空手套白狼的创业奇迹越来越少，所谓“空手套白狼”也就是说高校学生创业者在没有资金或者很少资金的情况下进行创业，并获得成功。但通常在创业初期，高校学生创业者没有大量的资金，资金的运转问题会对企业的经营产生较大的影响。但实际上，公司只有形成一定的购买量之后，资金的回流才会更为顺畅。所以，在创业之前，高校学生创业者就应该对经营所需的资金量进行一个估计，并为资金的运转留出一定的空间。

第四，缺乏产品销路。市场在创业中是一个十分重要的因素。可以肯定的一点是，没有市场也就没有创业。高校学生创业失败的原因主要还是产品缺乏销路。如果高校学生创业者在创业活动开始前，就判断错了产品的销路，那么这种错误的判断会影响整个企业的经营活动。还有这样一种情况，一些产品的创新性特征较为突出，实际的功效也很好，但是价格并没有满足消费者的内心预期，高校学生创业也会面临失败的风险，所以，如果高校学生创业者经营的主要产品缺乏对应的市场销路，那么其创业的结果将是不乐观的。

②创业过程中的问题

创业过程中，高校学生创业者会遇到很多问题，这往往表现在以下几点：

第一，用心不专。这主要表现在以下三点：其一，“多动症”。以酒类和饮料的生产为例子，如果一家在过去生产白酒的产业，认为碳酸饮料能够获利，就转而去生产碳酸的饮料。但是后续又发现果汁饮料的利润更高，就转而去生产果汁饮料，这种多变的产品销售思路，是一种“狗熊掰棒子”的行为，实际上也不利于企业形象的稳定，使企业辛辛苦苦铸就的品牌和形象毁于一旦。其二，“花心病”。如果企业的资本积累到一定程度后，就开始发展辅业，发展的重点也开始转移了，想发展其他的业务获得利润。这种想法是值得肯定的，但是实际的发展中，这种发展的思路很有可能超过了企业可以负担的界限，最终可能导致失败的结果。其三，“虚胖症”。这个风险类型和花心病有一些相同之处，在创业取得了一定的成效之后，企业的主业和辅业都开展起来了，但是主业和辅业之间并没有什么太大的商业联系，都会出现亏本的情况，实际的利润会下降，从表面上看，企业的产业数量好像增多了，但是能够实际获利的产业并不多。

第二，目标不定。一个明确的目标，是成功的第一步，也是非常关键的一步。一个人如果没有奋斗的目标，那么，他将不知道何去何从；有了目标，努力才会有方向，结果自然就事半功倍。

高校学生创业的过程中，如果没有一个明确的目标，那么，高校学生创业者是无法进行下一步行动的。因为创业中涉及的问题很多，在没有明确目标的情况下就乱下决定，这只会离成功越来越远，最终导致创业失败。

第三，没有确定真正的目标。如果高校学生创业者没有从内心发掘自己的目标，那么他们可能也并不适合做创业的相关工作，高校学生创业者如果只知道跟随其他人的目标，那么可能会出现一味盲从，但是一事无成的问题。

第四，孤军奋战。当一个人准备创业的时候，就应该慢慢为自己建立起相应的支持网络，一个人并不可能从一开始就拥有了成熟的团队和社会关系，这些关系的获得需要持续性的运营，当这些团队和社会关系已经能够为高校学生创业者所用时，高校学生创业者的工作才能够更为顺利。如果只认可孤军奋战的工作方式，我们的工作也会停滞不前。

第五，急功近利。在创业过程中，高校学生创业者如果太急功近利将很容易出现差错，可能最终导致事情的失败。高校学生创业者如果将步伐迈得太快，很可能会由于“急”导致创业的失败。同时去创业的两位年轻人，他们所做的准备工作都很充分，一个个性比较急，一个是性格比较稳重，很显然，在创业初期肯定是个性比较急的年轻人会领先一些，他在夺占先机上肯定要比另一个人快，但是，性格稳重的年轻人会一稳到底，当个性比较急的年轻人没有上升的空间的时候，性格稳重的年轻人却还在慢慢地稳步前进着。

第六，遇难即退。在生活中通常存在两种人，一种人是遇到困难就退缩，另一种人则会迎难而上。在创业遇到困难的时候，高校学生创业者应该要有信心去解决它，面对困难，如果高校学生创业者形成了知难而退的习惯，那么，在以后的创业过程中就会轻易被困难打倒。对于创业中遇到的困难，如果高校学生创业者不想办法克服，那么，后面越来越多的困难会压得高校学生创业者不得动弹，创业也即将面临失败。

③创业后期的问题

在创业后期，高校学生创业者也会面临一些问题，具体如下：

第一，满足现状。一些高校学生创业者常常会满足于已经取得的成就，就如同当年李自成攻进北京之后，产生了坐享其成的想法，却失去了经营江山的进取心。当然，还有其他因素会让他们满足于现状，失去进取心，或者是使用捷径维持自己的经营成果。

第二，管理危机。在创业的过程中，管理是非常重要的，高校学生创业者需要明确一个管理原则，创业中的管理是要求高校学生创业者将所有的精力全部都放在当前最重要的问题上。高校学生创业者一定要分清楚，什么问题是当下最急需解决的，什么才是能够更快地提升企业实力的办法。

第三，用人失误。一个企业内部的员工数量在创业初期并不会很多，但是这些员工对企业未来的发展是十分重要的。比如，如果销售主管的业务能力不过关，或者是管理者的助理人员不合适，企业内部可能会出现较大的问题。助手在企业中起到的实际作用是非常重要的，甚至会对企业整体的经营思路产生较大的影响，如果这种影响会对企业的发展产生负面作用，那么企业的经营状况也会恶化。销售主管会决定企业产品的具体销路情况，如果企业的产品销量不理想，那么企业的发展也会受阻。正确用人，关系到高校学生创业最终的成败，因此高校学生创业者一定要谨慎、合理用人。

第四，利润徘徊不前。创业成功后，会有许多跟进者进入市场，企业的优势会逐渐减弱，竞争压力增大，业绩增长率会随之下降。另外，企业越是成功，高校学生创业者越是感到志得意满，有时甚至觉得无所不能，高校学生创业者过于骄傲就难免会出现失误，从而使企业的利润徘徊不前。

第五，财务混乱。一部分私企的经营者认为自己既然是企业的负责人，就没有必要将所有的账目都登记地十分清楚。对于高校学生创业者而言，一定要避免受到这类错误观念的影响。很多企业就是因为账目的管理问题，也就是缺乏记账的良好习惯，令内部的管理出现问题，最终使得创业走向失败。

第六，创业缺乏动力。创业的过程想必只有亲身经历创业的人才能明白，也正是由于创业的过程过于辛苦，因此，在创业获得成功，以后一些高校学生创业者就开始沉醉在那些创业经历中，对于新进的员工他们不是想着怎么去培训，如何让新进员工更快地融入这个集体之中，而是忙于对新员工夸耀自己在创业中的事迹，这种得意忘形的作风对于企业后期的发展是非常不利的。作为创业者，应该把精力放在实现企业更好地发展上，而不是想着怎么分享成功的果实，否则不仅会影响高校学生创业者自身的价值取向，还会使企业丧失发展的动力。

第七，缺乏创新。创业的过程就是不断创造与创新的过程，创新是企业的唯一生命线，失去创新，企业将停滞不前，甚至衰亡。企业得以生存与发展的根本就是能不断地满足人类社会不断增长的物质与精神需要，企业要做到这一点，唯一的方法就是创新。

随着时代的不断发展，科学技术的日新月异，创新已经成为企业的立足之本。资本力量在创业经营中的重要性已经让位给知识、技术创新，走在时代前列的创新将引导企业走向繁荣。没有创新，企业也就赶不上时代的潮流，终将成为失败者。

（2）解决创业问题的途径

当加入创业的行业中后，高校学生创业者才会知道自己在实际的创业中到底能遇到什么样的问题，创业具有高难度、高风险、高不确定性，而将这三个层面的“高”加以综合之后，我们可以用简单的一句话来概括，也就是创业具有很高的失败率。

由此可见，高校学生创业者必须清醒地意识到创业过程中可能遇到的问题，但是仍然存在一些方式可以帮助高校学生创业者在创业过程中解决他们可能遇到的问题，最终使他们成功。

下面，笔者主要围绕解决创业问题的途径展开具体论述。

①利用大学期间空余时间和寒暑假打工锻炼

在当前的社会背景下，高校学生可以在多种类型的打工岗位上锻炼自己，在多样的工作经历帮助下，他们的综合能力也会得到提升。打工可以锻炼高校学生的物流管理、财务管理、人力资源管理、组织能力、销售能力等，在打工的过程中高校学生可以结合各种理论知识，进一步地积累工作经验。面向高校学生开放的打工岗位往往没有什么技术性的要求，但是这些工作也的的确确能够帮助学生提升自己的综合素质，因此打工机会也是高校学生不能轻视的。

②积极参与大学中的社团组织

高校学生应积极参与大学中的社团组织，这有利于锻炼他们的综合能力。因为社团中组织的实践活动是一个综合性的过程，包括了策划和实现等环节。学生在参与社团组织实践活动全局项目管理的过程中，能够提升对资源的利用能力，并使自身的组织和协作能力获得锻炼，从而挖掘出自身的潜力，提高自己的应变能力。

③参与科研项目获取实践经验

积极参与科研项目的学生可以和学校的导师有更多的接触机会，项目导师和社会的接触高频次更高，学生可以在导师处收获更多的实践经验。在参与科研项目的过程中，学生能够锻炼自己的动手能力，发掘自身在创业方面的潜能，提升自己的实际策划能力。

④毕业后在企业进行实际锻炼

企业是一个实体的创业团队，学生毕业后在企业进行实际锻炼，可以帮助他们吸取创业经验、提升商业敏感度。要想实现独立性的创业，还需要挖掘出新颖的创业思路，或者是发掘出市场的空白市场，这样才能够及时发掘创业的机遇，或者是自己创造出来的团队比企业的团队更为成熟，那么高校学生创业才会有成功的可能。

第二节　新媒体视域下高校学生就业指导创新思考

一、建立各级高校就业共享信息库

高校应积极开展网络就业指导工程建设，首先，需要建立并逐步完善各级高校就业共享信息库。通过这项建设，各高校可以获悉往届学生的就业去向、就业专业对口的占比等，为不同专业的学生提供更具针对性地就业择业帮助。

其次，学生通过查询就业共享信息库，可以更深入地了解自己所学专业的就业前景，根据专业就业流向，切实清晰地把握本专业的就业目标，由此更好地规划今后的职业生涯。

就业共享信息库的内容应包括当前最新的就业政策解读、就业招聘信息、就业形势分析、专业行业介绍、往届毕业生的就业去向、就业典型案例、优秀学生的职业生涯规划案例等。学生可以通过网络在就业共享信息库里随时查询就业方面的相关信息，充分了解本专业的主要就业去向和就业企业。

最后，就业共享信息库的建立应基于层级的统计，由各专业班级至各年级、各学院再至各高校，逐级合并，最终形成完整而系统的就业共享信息库。建立各级高校就业共享信息库可以更好地为高校学生服务，为进一步推进高校学生就业指导工作建立扎实基础。

二、搭建官方就业微信平台

如今高校学生群体正处于一个知识更新速度快、接触信息量巨大的新媒体时代。在区别于传统信息交互的沟通方式下，高校学生更易于接受新的事物、更具有创造力。因而高校在开展就业指导工作之时，就需要根据网络新媒体在高校学生日常生活中的应用程度，来优化学生获取就业信息的途径，以及扩大这些信息的影响范围。微信正逐步取代 QQ、人人等社交软件，成为新一代热门 App。高校应积极搭建官方就业微信平台，针对不同年级、不同专业、不同地域的学生，紧贴市场变化，为学生提供正确权威的就业信息。各高校应通过官方就业微信平台，为学生做好宣传和服务工作，设立相应的微信公众号和订阅号，整合优化社会资源，满足高校学生对于就业信息的不同需求和关注，并通过官方就业微信平台定期推送就业信息，这样学生能第一时间获取就业招聘信息，既方便又高效。

高校要利用好官方就业微信平台，一方面为各类用人单位和学生搭建沟通桥梁，通过线上线下的互动方式优化资源配置，并且把招聘信息、招聘内容和招聘活动有机结合起来，形成一个良性的循环。另一方面，高校也能够更好地了解用人单位的用人需求和学生的就业需要，为学生答疑解惑，以便更好地开展就业指导工作。

三、借助微博推动高校学生就业指导工作

在新媒体快速发展的今天，高校要结合时代发展特点，善于针对学生喜爱使用微博获取信息的习惯来推动就业指导工作。虽然在学生获取就业信息的途径方面，辅导员短信和 QQ 通知仍占主导地位，但当代学生倾向于通过微博获取就业信息的比例上升明显，这说明随着技术手段的不断提高，未来学生获取就业信息的途径会有更多的选择。对就业信息获取渠道的选择将会在学生今后的就业过程中发挥不可忽视的重要作用。因而，高校在开展就业指导工作的时候，要与时俱进将传统途径和新兴途径结合起来，在开展传统的就业指导宣讲会的同时，利用微博同步进行就业政策、就业形势等方面的宣传。

高校通过微博平台，可以将就业相关信息以润物无声的形式渗透到学生的日常生活中，使就业信息的推送服务成为高校学生关注的热门话题，从而推动高校学生就业指导工作的开展。

四、有针对性地选择就业信息传递媒体

研究表明，在高校学生群体中，女性使用交流性媒体的频率要高于男性，而男性则更倾向于使用呈现性媒体。所谓交流性媒体，指的是类似微博、微信、博客等可以在线提问、咨询、留言的互动性媒体。呈现性媒体指的是信息以文字或者图片形式直接呈现在媒体上，信息发布后咨询者只能获取信息，不能与发布者互动咨询的媒体，如报纸杂志、网站等。

因此，针对不同性别的高校学生使用媒体的习惯差异，一方面高校可以通过微信、微博等网络新媒体向高校学生推送就业方面的相关信息；另一方面也可以通过官方就业网站及官方就业 App 等在线发布相关信息。这样既便于高校学生从不同渠道接收就业信息，也可以方便高校更高效地开展就业指导工作。

五、开发高校学生就业指导 App

目前，手机已经成为高校学生必不可少的日常用品。高校可以根据实际情况开发高校学生就业指导 App，同时做好对高校学生就业指导 App 的宣传工作，学生可以用自己的学号登录就业 App 查询就业政策、招聘信息、就业手续、企业信息等内容，这样学生在外出时也能随时查看相关就业信息。

面对越来越庞大的毕业生群体，如何全面落实和贯彻就业指导工作，是各地高校面临的首要问题。高校应逐步实现自身官方就业 App 与学生的对接，采取与社会常用就业 App 软件如智联招聘、前程无忧、赶集、58 同城等应用程序类似的形式完善高校官方就业 App。为高校学生提供可靠、真实的相关就业信息，形成高校为企业提供优质人才的同时又为高校学生提供优质岗位选择的双向互动模式，不断推进人才、岗位的资源优化配置，促进高校学生就业创业。

六、创新高校学生就业指导的队伍

（一）打造校友交流平台

当代高校学生大部分是独生子女，他们在成长的道路上可能缺乏同伴意识、自我认识较低，在就业过程中，他们一般会咨询好朋友来帮助自己做出决定。高校可以根据这一特性，打造校友交流平台。如高校可以根据不同专业建立校友交流微信群或 QQ 群，之后通过宣传让每位学生都加入交流群中。学生可以在交流群中向校友咨询就业方面的相关事宜，校友们也可以和在校学生分享工作上需要的技能和生活中的趣事。这样，学生既可以更加清楚地了解到更多就业指导信息，也可以更早地掌握一些就业需要的技能。此外高校还可以邀请杰出校友来校做就业讲座，讲解行业的相关知识，跟学生进行面对面交流。

（二）开拓专业教师与学生交流新渠道

传统的就业指导通常是由辅导员为主的学工团队来负责的，但是由于一些辅导员的专业知识受限，甚至部分辅导员完全不了解学生的专业知识，辅导员开展就业指导的效果会大打折扣。长此以往，不仅会让学生对就业前景更加迷茫，也使得学校开展的就业指导收效甚微。因此，高校在开展就业指导时，应该充分利用专业教师的资源，开拓专业教师与学生之间交流沟通的新渠道。各专业负责人可以通过开通官方微博发布各自专业的专业前景、就业领域等，也可以建立微信群、QQ群，将专业教师和学生拉入同一个群内，学生可以随时在群内进行就业咨询，专业教师可以第一时间进行答疑。同时，专业教师也可以在讲课授课内容的同时进行就业行业的介绍，对学生进行个性化指导，给学生灌输本专业就业方面的知识。这样，学生不仅可以更好地了解自身的专业，也可以跟专业教师建立良好的沟通，更有利于他们今后的就业。

（三）搭建学生家长与高校的交流平台

一直以来，家庭成长环境影响着学生的性格。不同性格的学生对就业的需求也不尽相同。高校在开展就业指导的过程中，应该充分考虑到家庭因素对学生的影响。对学生来说，家人的意见在其就业方面起着相当重要的作用。高校有必要随时与学生家长保持联系、定期沟通。高校可以建立学生家长与高校的专属交流平台，针对每个班级建立各自的家长微信群或QQ群。在群里，家长可以随时了解学生的各方面表现，与高校老师进行互动，互相交流心得。家长可以根据学生的不同表现，引导学生正确选择适合自己的职业，教育学生树立正确的就业观。学校还可以提供每位家长一个账号，类似于学生的学号，家长可以登录学校的就业办网站和学生的个人系统，了解学校历届毕业生的就业去向、来校招聘的用人单位情况，以便于更好地对自己的孩子进行就业指导，帮助自己的孩子更快地找到合适的工作。

（四）建立企业与学生之间的交流平台

高校学生就业指导除了离不开高校和家庭的教育和引导之外，自然也离不开企业的帮助。学生对未来职业的认知较低，找工作时根本不清楚用人单位所提供的工作职位具体应该做什么事情，对将要从事的行业了解不深，这就使得学生就业变成了难题。针对以上现象，高校应在企业管理人员与学生之间建立联络机制。首先，高校可以根据学生的需要，定期邀请企业管理人员来校进行就业指导讲座，让企业管理人员和学生面对面交流；其次，为方便学生与企业管理人员及时有效沟通，高校可以建立学生与企业管理人员的交流微信群、QQ群或者讨论组，方便双方利用新媒体技术加强网上互动，使学生可以随时获取与就业相关的信息。最后，高校可以定期组织学生实地参观企业，参观一线岗位的具体工作，深入了解不同企业的企业文化，这样既加强了企业管理人员与学生之间的互动交流，也可以使高校更好地开展校企合作，更有利于学生就业。

第三节 基于高校学生创业的新媒体建设管理策略

一、加强政府主导，完善新媒体管理

为了更好地规范各种网络平台的使用，我国政府陆续推出了多项规章制度。这些规章制度包括2017年发布《互联网新闻信息服务管理规定》、2022年开始施行的《网络安全审查办法》和《关于促进网络安全保险规范健康发展的意见》等。这些法律法规从不同方面规范了各类网络交易平台及其从业人员的行为，在某种程度上有效地遏制了网络资源的滥用和误用问题，使合法信息可以在网络环境中安全传播。然而，随着新技术的不断发展，新媒体平台之间竞争日益激烈，用户对于个性化内容及多样化服务要求也越来越高。因此，为了更好地适应新的市场环境和满足用户的新需求，社会迫切需要在新媒体建设管理领域加强政府主导和完善新媒体管理，以有效地遏制新媒体平台在生产和传播信息过程中可能出现的不良行为。

随着互联网技术的发展，人们获取信息的方式越来越多样化，使得传统的媒介传播方式受到巨大冲击。对高校学生创业者来说，随着他们在现实生活中身份的不断增加，他们在利用新媒体平台进行社交活动时面临着更多的不确定因素，这也使得他们更容易产生不良的网络行为。此外，新媒体技术发展也给传统伦理带来了一定程度的冲击与挑战。在这种情况下，政府需要主导相关的法律和法规制定，来对其实施强制性的约束和严格的打击，从而鼓励广大的新媒体用户培养既重视个人道德又遵循公共道德的网络媒体使用习惯。同时也要加强网络监管力度，从源头遏制虚假信息传播。

信息的多样性和交流的自由性已经成为新媒体的显著特点，这使得传统的媒体监管手段难以为其提供充分的制度支撑。新媒体时代下，政府对新媒体进行监管是必然的趋势。在努力加强政府主导和完善新媒体管理的过程中，起主导作用的政府需要改变其思维方式和工作方法，将身份定位从单一的管理者转变为积极的参与者，在新媒体的发展和使用过程中总结经验和教训，并在不断的实践中推动相关法律和法规的完善。

二、完善高校创业教育，优化校园新媒体平台

高校是培养高素质人才的重要阵地，肩负着传承文化与创新科技的双重使命。作为高校学生主要的活动场所，高校在实施教育和指导思想方面具有显著的优势。随着网络技术的快速发展和普及，高校也开始重视利用新媒体平台对学生进行全方位的培养，并将其视为提升人才培养质量的重要手段。但是，在新媒体的背景下，高校在新媒体专业的教师团队建设和高校学生的创业教育上仍存在一定程度的短板。

首先，高校要理解新媒体技术是一个持续创新的领域，而专业人员的参与则是加强其管理的核心要素。要从理念创新、制度建设和人才培养三个角度出发来提高创业指导教师的综合素质。目前，大多数高校的创业指导教师并没有接受过权威机构的专业培训，实际创业经验也不算充足，同时这些教师还有可能缺乏新媒体环境所需的专业技术知识。因此，这些教师对于高校学生创业者的指导通常仅限于教授传统的理论模型和单一的商业模式。新媒体技术具有传播快、信息量大、互动性强以及成本低的特点，但目前高校创业指导教师普遍缺乏利用新媒体技术教学了解新媒体技术的能力。高校应当意识到现今高校创业教育中存在的问题，并在培训创业指导教师时加大人力和物力的投入。高校创业指导教师的成长需要一个长期而艰苦的探索历程，高校可以通过招收专职、兼职和挂职教师的方式，逐步改善高校创业指导教师队伍的素质，同时高校也可以通过引入优秀的创业指导课程来提高高校创业指导教师的专业能力。此外，高校还应注重建立科学有效的评估机制，来引导创业指导教师进行专业化转型与成长。在培训创业指导教师的过程中，建立一个合适的评价和激励机制，将为创业指导教师的职业定位、未来发展等提供强有力的制度支持。

其次，由于高校学生对校园新媒体平台的需求正在向个性化和多元化方向发展，目前，校园新媒体平台正面临着管理不善和用户流失的严重问题。校园新媒体平台作为一种新型传播工具，它所具有的开放性和互动性使得它能够成为高校进行思想政治教育的重要渠道。在高校中，校园新媒体平台对于培养高校学生创业者的创业思维和支持他们进行创业实践方面起到了重要的作用。校园新媒体平台作为一个开放性的信息传播系统，能够通过多种途径影响高校学生个体心理发展和行为方式。因此，为了最大限度地利用校园新媒体平台在教育和宣传方面的优势，并推动该平台的进一步优化，高校在发布和更新信息内容时，应既注重信息内容的思想深度，同时也要兼顾其知识性和实用性，以满足高校学生群体多样

化的选择需求。同时，高校也要根据自身情况，制订相应的措施来保证校园新媒体平台运行良好，为高校学生创造一个和谐、健康的成长环境。为了增强新媒体平台对高校学生创业者的吸引力和影响力，高校可以邀请校外企业家和成功创业的校友加入校园新媒体平台。高校还应建立相应的监管体系来保障新媒体平台的安全运行，从而有效地引导高校学生进行自主创业实践活动。另外，在高校优化和完善各种校园新媒体平台的过程中，应特别重视培养高校学生这一特定群体的媒介素养，即在使用新媒体时必须遵循伦理和道德规范，并对新媒体信息做出准确的评估。另外，高校还应注重培养高校学生群体良好的道德品行，如树立诚信意识和责任意识等。

最后，对高校学生的创业教育肩负着传授大量创业知识和引导高校学生进行创业实践的重任，它对高校学生创业者的思维模式和行为习惯产生了深远的影响。正如前文提到的，高校学生创业教育主要是为高校学生创业者提供的教育，而对其他群体的教育效果相对较弱。这是因为创业教育缺乏足够的吸引力，导致许多人缺乏参与创业教育的热情或创业动力不足。因此，为了进一步完善高校的创业教育，一方面，高校需要在课程设计上考虑到不同的目标群体，以吸引处于不同发展阶段的创业者和那些尚未开始创业的高校学生。另一方面，高校也应该在课程形式上采纳多种策略，以提高参与者的整体素质。目前，我国许多地方已经开始尝试通过多种方式来加强对高校学生创业教育的引导和支持力度。另外，为了解决当前高校学生创业教育在新媒体背景下教学效果不佳的问题，高校可以考虑引进先进的创业教育体系。高校需要从发展的视角和培养全面人才的角度，深刻认识到这一任务的关键性和迫切性。它既需要政府提供政策支持和资金扶持，更离不开高校的自身努力与实践探索。在执行这一素质教育项目的过程中，高校需要遵从通用的教育原则，以推动创业教育的规范化进程，也需要注意到高校学生创业者群体的多样性，以促进不同个体之间的共同发展。

三、加强社会参与，构建和谐新媒体环境

观察社会发展的宏观趋势，可以看到社会制度和社会规范始终是支撑人们正常生产劳动的核心力量，并在某种程度上影响着人们的社交生活和互动方式。因此，社会环境对人们的社会交往行为有着重要影响。尽管基于新媒体平台的社交活动仍然保留了传统社交活动的基本功能和意义，但这些活动常常规避了应有的社会规范和社会导向。这种虚拟与真实并存、虚实相生，甚至相互转化的现象对

社会秩序产生了一定的影响，也给我国社会治理带来了一些挑战。因此，为了构建一个规范且和谐的新媒体环境，迫切需要加强社会参与，确保和谐新媒体环境能够继续展现其独特的优势。

人们在选择技术产品时带有明显的倾向性，人们总是对技术抱有极高的期望，遇到问题时也常常寻求技术的帮助，不经过深思熟虑和判断就全盘接受技术给出的答案，这是技术崇拜的一个典型表现，也是使人们在使用技术时容易忽视伦理道德的一个因素，这种情况也正是新媒体技术异化的重要原因之一。新媒体环境下，网络舆论的生成机制以及传播模式都发生了巨大转变，这无疑给高校学生群体带来了一定的影响。因此，在构建支持高校学生创业的新媒体环境时，社会的积极参与不仅是必要的，而且是非常有效的。这就要求社会各界应对构建和谐新媒体环境对高校学生创业教育的重要性进行深入理解，并积极参与其中。

高效的社会参与也代表着社会治理的完善可靠，这两者相辅相成，共同构成高校学生创业新媒体环境的有机组成部分。在新媒体的背景下，高校学生的创业行为与传统社会中普遍存在的创业模式有了显著的区别。新媒体带来了信息的开放性和社交的自由性，而传统的社会管理模式已经不再适用于这种每个人都可以参与和分享的创业氛围。这就要求社会各界必须齐心协力，必须努力探索出一条符合时代发展需求的新型社会治理模式——网络治理。与社会治理的稳定性相比，新媒体技术始终在创新，这导致两者之间始终存在社会治理滞后而新媒体技术发展超前的矛盾。为了解决这一矛盾，社会参与不仅需要迅速地针对出现的问题和不足找到解决方案，还需要根据过去的经验和教训，适时进行合理的预测和预先准备工作，以防止矛盾恶化。同时，社会各界还可以通过加强对新媒体使用人员的培训、强化对相关工作人员的监管力度以及提升网络信息的传播质量来提高其自身素养。

四、落实社校联动，形成健康新媒体环境

社校联动主要体现在高校与高校学生家庭的紧密联系上，家庭教育对于高校学生的创业活动具有不可忽视的作用，其影响主要集中在两个关键领域：创业过程和在新媒体应用中的监控导向。其中，高校学生创业过程中最容易遇到的困难之一就是创业前缺乏必要的资金准备以及创业项目的选择问题，而这就需要通过合理的方式来获得社会资金资源，即获得来自家庭的资金援助。通常情况下，家庭的援助在很大程度上为高校学生创业者注入了前行的动力。如果这些高校学生

创业者能从家庭那里获得一定程度的支持，他们的创业旅程将会更为顺畅。另外，家庭的积极配合还能促进高校学生创业者自身素质的提高，进而增强其创业能力。同时，家庭作为学生接触最多的社会组织之一，其对高校学生的影响不容忽视。为了充分发挥家庭的作用，需要对家长进行适当的教育和指导。此外，政府、企业、行业组织以及个人都应该积极参与到对高校学生创业的支持中来。通过学校教育与家庭教育之间的多途径互动，可以有效地增强新媒体对高校学生创业者的正面影响，同时也能最大限度地减少新媒体可能给高校学生创业者带来的负面影响。

社校联动也反映在高校与社区之间的互动，以及高校对社会资源的最大化利用上。高校作为培养人才基地的职能之一就是为社会输送高素质创新创业项目，因此，构建社校联动下的“双轨”机制，能够有效地整合社会资源，推动校园创新创业文化建设，从而进一步提升高校学生的创新能力。社校合作不仅可以通过开展相关的社会创业实践活动来帮助高校学生创业者更科学地认识和使用新媒体，还可以通过实践活动来净化新媒体环境，利用企业等社会资源对新媒体的应用给予支持和帮助。此外，还应该积极发挥政府的主导作用，加强对校园网络文化建设的管理和引导，从而让新媒体环境更好地满足高校学生创业需求，提高其就业质量。通过高校与社区之间的优势结合和资源的共享，高校学生创业者在实践中也掌握了新媒体的高效应用。

五、利用新媒体手段，指导高校学生创业

随着时代的发展，新媒体的手段和技术取得了长足的进步。在整个新媒体日益活跃的环境下，如何将新媒体手段应用于指导高校学生创业不仅是高校等应深入关注和实践的问题，也是高校学生群体自身需要不断了解、开拓创新的方向。

（一）设计 App 软件进行创业

App 是英文 Application 的简称，中文称为应用程序。起初 App 只是作为一种第三方应用的合作形式参与到互联网商业活动中去的，如淘宝、京东、新浪微博、网易邮箱等。由于 iPhone 等智能手机的普及，人们也逐渐习惯了使用 App 客户端上网的方式。这些 App 一方面积累了各种不同类型的网络受众，另一方面通过赚取流量来获得盈利。

随着互联网越来越开放，App 与传统实体商店之间联系也越来越紧密，萌生一种新的盈利模式——O2O，即通过 App 将线下的商务机会与互联网结合，让互

联网成为线下交易的平台。例如，消费者在家中通过大众点评 App 客户端上购买电影票，并在线选择观看座位，随后完成网上支付，App 将购买凭证二维码推送至手机，最后消费者凭借二维码至电影院自助终端设备扫码核销兑换电影票，便可凭票进入影厅观赏电影。O2O 盈利模式将线上 App 与线下交易完美结合，不仅使得提升了影院的工作效率、帮助影院在节约成本的同时获得了盈利，还改变了人们出行游玩的固有习惯。

无论是传统的流量盈利模式，抑或现今的 O2O 模式，App 所蕴含的潜力无比巨大，前景令人期待。一些高校学生初入社会，常常抱负远大却没有明确的目标定位，又没有工作经验，难以找到一份理想的工作。而利用 App 创业门槛较低，高校学生可以考虑通过打造出一款优质 App 来获取创业机会。

（二）新媒体平台下的电商创业

中国自改革开放以来，经济高速增长四十余年。在这个充满各种机遇与挑战的环境中，高校学生逐渐倾向于自主创业。以前的高校学生在进行实体创业时，往往因为没有充足的创业资金而放弃创业。但是如今随着互联网的发展，电商创业慢慢成为高校学生创业途径的热门选项。在笔者看来，电商创业与以往的实体创业相比较，具有以下几个优势：

①成本低。对于刚开始创业的高校学生来说，如果不是开展很大的项目，电商创业所需的创业资金并不是很多。

②费用低。当今社会网络通信发达，相较于以往的电话通信，绝大部分问题都可通过网络通信进行沟通、协商、解决，十分高效、便捷。同时高校学生创业者选择电商创业就不需要去租实体店面，支付昂贵的房租，又节省了一笔费用。

③危险系数低。因为初期的投入不高，电商创业失败所造成的危险系数也随之降低。因此可以鼓励高校学生创业者大胆参与电商创业，不必害怕创业失败的后果。

④人员构成简单。很多高校学生创业都是白手起家，一人就包揽了所有工作，电商创业基本可以用一个人解决全部工作问题，无须高校学生创业者操心员工、管理、工资以及福利等。

近几年，微商逐渐活跃起来。从起初简单的朋友圈卖货到迅速地在市场上开疆拓土，微商成功的原因在于微信的原点是社交而非营销工具。区别于传统电商如淘宝店铺，微商的好处在于可以通过微信社交能更精准地找到产品的目标客户，从而大幅提升订单量。然而随着微信官方对朋友圈恶意营销的严厉打击和部分微信用户对微商广告的抵触情绪，基于微信社交圈的微商模式逐渐演变为基于社会化媒体开店的新型电商模式。

高校学生作为最频繁使用新媒体技术的群体，具有在新媒体平台下进行电商创业的天然优势。笔者认为，高校学生想要在创业中大有作为，必须准确把握市场动态、竞争对手的发展趋向，及时调整发展战略，沿着正确的发展道路走下去。

（三）建立创业园地共享平台

传统的高校学生就业方向，不外是应聘企业或是参加政府公务员招考等，学生多是就业环节中的被动者，等待被聘用。然而，在现代科学技术不断更新发展的背景下，新媒体等新兴技术为高校学生就业提供了崭新的平台。高校学生成为积极主动的创业者，通过自主创业化被动为主动。

高校学生创业能够分流就业压力，拓宽了高校在指导学生就业方面的视野，高校仍要关注传统的学生就业渠道，也要紧跟时代步伐，相应地引导学生在大数据环境中，因时制宜地进行自主创业。在开展就业指导工作时，高校应致力于更新和转变学生的被动就业观念，鼓励创新。“以创新引领创业，以创业带动就业”，这是每一个高校就业指导人员必须思考和实践的问题，也是时代发展的要求。

并且，高校应率先建立并逐步健全高校学生创业发展链。从以下三个层面来解决问题：第一，高校应通过各大新媒体平台向学生推送创业相关的信息，例如，创业项目、创业意向合作人、校园创业群等；并且开通创业互动平台，通过学生的咨询内容来关注和了解高校学生的创业意向和创业动态；第二，完善往届学生的相关创业信息，时时与各大国内外高校开展创业资讯交流，建立高校学生创业园地共享平台。以科学的数据，为学生提供创业方向的预判，指导学生在创业的洪流中更好地抓住机遇；第三，高校应尽可能地重视并加强创业园地共享平台的建设工作。一方面，学生在校内创业园地共享平台进行创业起步工作时能够受到学校氛围的影响，在行业规范、创业思维、整体素质等方面都占据优势地位，同时创业园地共享平台也能为就业指导工作营造一个良好的环境。另一方面通过创业园地共享平台的建设，在高校与高校之间、高校与企业之间以及高校与政府之间，形成了良好的资源共享模式，为高校学生寻找创业基地提供了便利，且充分发挥了互联网新媒体合理优化配置资源的作用。

第六章　新媒体视域下高校学生安全教育管理

本章为新媒体视域下高校学生安全教育管理，主要从高校学生安全教育概述、高校学生安全教育的问题与成因、新媒体视域下高校学生安全教育策略三个方面展开研究。

第一节　高校学生安全教育概述

一、高校学生安全教育的定义

高校学生安全教育是在特定的范围和场所，由高校作为责任方，单独或与其他责任方联合，采用多种方式和手段，针对高校学生群体进行各种形式的安全教育。高校学生安全教育具有鲜明的政治性、时代性、针对性和实践性特征，它既不同于一般意义上的安全宣传教育，也不等同于思想政治理论课教学中的安全教育课。更明确地说，高校学生安全教育是基于党和国家的法律、法规和政策指导，旨在确保教师和学生的安全，推动他们的全面成长，确保校园的安全和稳定，并有序地进行各项任务。考虑到高校的独特环境和其成员群体的特点，高校安全教育的内容应涵盖不同的领域、类别、阶段和层次的安全知识和技能。

二、高校学生安全教育的形式

（一）课堂型高校学生安全教育

在高校学生安全教育中，课堂教学是其主要渠道之一，但同时，其他多种教育方式也发挥着重要作用。课堂教学不仅是一种传统的教学方法，也是最能保证教学效果的安全教育方式。随着高等教育大众化进程不断推进，我国高校学生人数逐年增加，高校中发生安全事故的概率也有可能增高，这就要求高校必须对高校学生进行必要的安全教育。鉴于目前严格的安全状况，一些高校已经开始开设专门的高校学生安全教育课程，这些课程要求学生获得特定的学分，并确保有固定的授课时间，同时还聘请了专门的教育机构来进行课堂教学。这有助于提升高校学生在安全意识、安全知识和安全技能方面的水平，进一步推动他们的全面成长。

（二）宣传型高校学生安全教育

目前，高校学生安全教育不应仅仅局限于课堂教学这一传统方式，还应更多地利用黑板报、海报栏、校园电台、官方微博和微信公众号等多种媒体来进行宣传型高校学生安全教育。学校各职能部门都应加强与媒体之间的沟通和交流，共同营造良好的学习氛围，让学生从身边小事中感受到生命的可贵。如宣传部门要利用多种平台和渠道，及时传播安全信息，对广大师生进行提醒和教育；保卫部门不仅可以通过学校的公告板向学生传授基础的人身和财产安全知识，还可以针对心理健康、社交安全和就业安全等组织有针对性的教育和培训；学校其他职能部门也要根据自身职能组织宣传型高校学生安全教育，使学生多了解一些与安全有关的法律法规。

（三）实践型高校学生安全教育

仅仅依赖课堂授课和多种传媒手段，是不足以满足学生对于安全教育的强烈需求的。还需将理论与实践相结合，通过恰当的实践型高校学生安全教育来帮助高校学生加强和巩固已经掌握的安全知识与技巧。因此，高校应积极倡导“学教一体”的思想，把理论教学与安全教育相结合。实践型安全教育具有多样性，其中最常见的教育方式就是安全演练和安全竞赛。

安全演练，是高校学生在校学习期间最主要的实践型高校学生安全教育活动之一。高校可以利用其专业能力，进行防灾减灾的安全模拟演练，教导学生如何准确识别并掌握安全设备的操作技巧，并教导他们在面对危险情况时如何采取主动自救措施。

此外，高校可举办各种主题活动来提高学生的安全意识和自我保护意识，使他们自觉地遵守各项规章制度。高校可利用小品剧等活动，提高他们面对突发事件时的应变能力，培养他们的团队意识。

高校还可以组织学生参与安全知识宣传活动和志愿服务活动。如安全知识宣传活动可以在一定程度上培养高校学生的自我保护意识，使其学会如何保护自己。高校有能力调动其内部的各种资源和力量，开展如安全进社区的志愿服务活动。

三、高校学生安全教育的特征

作为安全教育体系的一个组成部分，高校学生安全教育与其他类型的安全教育存在一定的相似性。在我国，高校学生安全教育是指高校对学生进行安全知识的普及和安全行为指导，使他们掌握基本的安全卫生常识以及相关的技能。通常来说，安全教育主要集中在生产活动上，高校学生安全教育显然与常规的生产活动有很大的不同。因此，高校学生安全教育有别于普通的安全教育。高校学生安全教育具备以下几个显著特点：

第一，高校学生安全教育的目标群体具有其自身的特殊性。在不同时期，学生的年龄层次、受教育程度、生活背景等各不相同，这就使得高校学生安全教育的内容和方式方法有了很大的差异。相较于企业安全教育和中小学安全教育，高校学生安全教育主要针对高校学生群体，这些学生在社会经验和防范意识方面相对较少；与中小学生相比，他们接收到的信息更为丰富和广泛，活动领域更加开放，社交活动和接触的人群也更加复杂，因此他们的安全风险也相应增加；同时，由于受传统思维模式的影响，部分高校对学生安全问题重视不够，因而缺乏有效的安全教育和安全事故预防机制。汤继承①与蒋夏宁②都认为高校的安全教育对象是高校学生，这个群体在我国教育事业中有着独特的地位，也关涉到国家和民族的未来，因此，他们的安全非常重要。

第二，高校学生安全教育内容具有其独特之处。从目前的研究成果看，对高校学生安全教育内容的研究还比较少。高校学生的安全教育的对象差异导致了其教育内容与常规的生产活动中的安全教育有所区别，高校学生安全教育的内容安排是基于高校的独特性、学生的实际需求以及时代的期望来进行的。高校学生安全教育内容具有实践性，在高校中，高校学生的安全教育内容与企业在生产安全教育中对生产过程中安全的教育有所不同。因此，高校在对高校学生进行安全教育时应该结合高校学生的心理特点，从他们的实际出发。高校学生的生活环境相

① 汤继承．当前大学生安全教育的问题成因及对策研究[D]．武汉：华中师范大学，2006．

② 蒋夏宁．大学生安全教育问题的几点思考[J]．扬州大学学报（高教研究版），2003（4）：82—84．

对稳定、学习时间较少、自我保护意识差等因素都会影响到他们的安全认知水平。相较于中小学生，高校学生在生理和心理方面表现得更为成熟，他们的信息接收和理解能力更为出色，独立思考和独立意识也更为突出。他们所接触的社会群体和社会环境也更为多元和复杂。因此，高校学生的安全教育内容应当更为丰富和全面，以适应时代和社会需求的不断变化。

第三，高校学生安全教育目标呈现出其独特之处。高校学生安全教育，其核心目标与其他形式的教育相似，但在具体目标方面，高校学生安全教育与高校的其他专业课程教育和职业技能培训存在明显的差异。从本质上说，高校学生安全教育与专业课程或职业技能培训有着根本区别。高校学生安全教育的核心目标是提高学生的安全意识，所有教育活动都是以“安全”为中心展开的。高校学生安全教育就是要提高学生对安全事故及其危害的认知水平、防范意识以及处理危机事件的能力，教育学生如何有效地保护自身与他人生命安全。

四、高校学生安全教育的内容

高校学生的自我约束能力相对较弱，他们的心理发展水平尚需提升，因此他们更容易受到外部因素的影响。互联网上的信息内容相当复杂，一些不良信息可能会对高校学生的身体和心理造成不良影响，不利于他们未来的发展。

高校学生安全教育主要涵盖了如下几个核心领域：法治教育、道德伦理教育、意识教育、知识教育、技能教育。

（一）法治教育

法律和法规不仅是确保国家重大政策方针得到全面执行的强制性工具，也是高校安全教育的基础组成部分之一。高校必须加强学生安全意识教育和法律意识，使他们能够正确运用法律武器保护自己。我国现行的有关法律法规为高校开展安全教育提供了依据，通过对高校学生进行法治教育，可以培养高校学生的法律意识，提高他们识别和预防安全风险的能力，加强他们应对危机事件的能力。此外，通过学习这些法规，也能帮助高校学生养成良好的行为习惯，为他们将来走向工作岗位奠定坚实的基础。

（二）道德伦理教育

高校中发生的安全事故，部分是由校外的人群引起的，而另一部分则是由高校学生自己造成的。高校学生作为一个特殊群体，他们具有一定的道德品质和法律意识，但由于他们受到外界不良因素影响的可能性较大，容易产生道德问题。高校需要加强对高校学生的道德伦理教育工作，使其树立正确的人生观与价值观，提高自身素质。相较于法律，道德通常具有更高的规范性，并能从基础层面对高校学生施加约束。

（三）安全意识教育

意识代表了人们对外部世界的认知和看法，而安全意识则是人们在日常生活和学习中形成的对外部环境状况的认知，其中包括了对可能对自己或他人造成伤害的外部条件的警觉性。安全意识具有一定的抽象性，当人们在面临安全风险或处理安全事故时，会先通过观察周围环境和客观状态，然后通过一系列的心理和逻辑过程，将对外部环境的感性认识提升到理性认识，从而形成对安全的意识。安全意识的重要性在于，它能够指导人们在实际操作中，运用已经掌握的安全知识和技巧，对当前的安全状况进行评估和判断，并做出相应的调整，确保人们的身体、心理和财产得到充分的保护。所以，高校要对学生进行安全意识教育，确保高校学生具备相应的安全意识。

（四）安全知识教育

安全知识教育是一门科学，也是一种艺术，需要高校根据实际情况不断地创新和完善其教育方法，安全知识教育才能更好地为高校学生提供服务。安全知识教育的内容必须与实际紧密结合，才能发挥其应有的作用。随着时代的演变，高校学生安全知识教育的内容也应不断地进行更新，以适应新时代所带来的各种新挑战。对于同一类型的事故，高校应当根据其特点，分别采取不同的方式来教授安全知识；另外，根据不同的地理位置，安全知识也应该有其特定的重点。高校在教授安全知识时，需要确保其系统性和全面性，同时也要反映出与现今时代相适应的特点。

（五）安全技能教育

安全技能教育被视为一种实践性的教育活动，其教育目的是教育学生如何将安全知识实际应用到现实生活中。安全技能教育主要以现场实际操作为主，在课堂上所学到的安全知识，必须转化为实际的安全技能。在进行安全技能教育时，高校需要确保教育设施的完善，并为安全技能教育提供适当的场地。安全技能教育必须在专业人士和消防工作人员的引导之下定期进行，有助于让学生了解自己是否具备良好的安全意识以及增强自我保护能力。

第二节　高校学生安全教育存在的问题与成因

一、高校学生安全教育观念与管理问题

高校学生的安全教育是一个分层次的长期教育任务，笔者认为，当代高校有必要对高校学生安全教育进行研究，分析当前高校学生安全教育现状，并提出改进措施。学校环境因素与高校学生安全教育体系中存在的不足有着紧密的联系。

（一）高校对高校学生安全教育的认识不足

从目前来看，我国大多数高校对高校学生的安全教育都非常重视，但是由于受到现实条件等各种因素的制约，使得一些高校并没有对高校学生安全教育给予应有的重视上。一些高校学生会遭遇安全问题却不知如何自我保护，很大程度上与高校对安全教育的忽视有关，导致高校学生安全教育在解决安全问题上的作用并未得到充分体现。因此，如何发挥高校自身优势，提高学生的安全意识和防范能力，已成为目前各高校亟待解决的难题之一。高校在高校学生安全教育方面的认识存在不足，这主要体现在以下几点：

1. 以高校学生安全管理代替高校学生安全教育

高校本身因承担着培养人才的重任而备受社会各界的关注。在高校中发生的事故，极易引起社会的广泛关注。由于高校学生处于人生发展的关键阶段，极易受到各种不确定因素的影响，因此，高校安全事故发生率也较高。然而，在高校学生安全管理中，一些高校将学生在校期间所遭遇到的安全事故归咎于学校的安全隐患，认为只有严格按照规章制度进行操作才能够确保学生人身安全。因此，有必要探讨高校学生安全管理与高校学生安全教育这两种不同性质的活动间的区别。

实际上，高校学生安全管理重在预防，其目的在于消除安全隐患，减少安全事故的发生，核心是“管理”，主要通过制度手段来限制高校学生的行为；高校学生安全教育偏重于“教育”，强调培养高校学生自我保护能力，提高其安全意识，从而从根本上预防潜在的安全风险和事故。二者虽各有侧重，但都是预防安全事故发生的有效措施。

尽管高校学生安全管理是至关重要的，但它并不能彻底解决高校的安全隐患，高校安全事故是多种因素综合作用的结果。尽管安全管理持续得到加强，但高校

中的安全隐患依然屡见不鲜，这明确显示了高校学生安全管理在根本上并不能解决所有的安全难题。从目前我国高校安全事故仍有发生的情况来看，主要还是由于缺乏有效的高校学生安全管理制度所致。虽然通过各种规定和纪律来约束学生并禁止他们的某些行为可以明显地降低安全风险和避免潜在的安全问题，但过于严格的管理方式可能会引起学生的反感，而不恰当的操作甚至可能导致反效果。高校只有从根本入手，通过对高校学生进行安全教育才能达到事半功倍的目的。目前，我国高校普遍对学生进行了安全教育，但由于受各种因素影响，这些高校学生安全教育仍存在着一些缺陷与不足，不能满足当前高校学生群体安全需求。因此，高校在强化安全管理的过程中，也应重视对高校学生实施安全教育的实施，将管理与教育相结合，利用安全制度作为保障，以安全意识为基础，培养师生形成持续、全面的安全观念，预防来自各方的潜在危险。

2. 高校学生安全教育尚未受到应有重视

第一，高校学生安全教育的资金投入不够充足。我国高等教育事业发展迅速，但仍有一部分高校没有对安全教育经费形式足够的认识，也没有投入足够的资金。目前，我国的高校在办学规模和经费投入上都在持续增长，却忽略了在高校学生综合素质教育上也需要更多的资金支持。安全教育容易被部分高校忽略。目前，我国部分高校仍存在着安全管理薄弱、安全意识淡薄等问题。一些高校为了追求短期效益，一味地提高教学质量，却没有注重培养出合格人才，反而使得安全事故频频发生。因此，一些高校为了降低成本，削减了安全教育资金，导致高校学生安全教育工作的推进变得困难。

第二，部分高校的整体评估体系中并没有包括高校学生安全教育的情况。对于高校来说，评估其发展、吸引人才和资金的能力是至关重要的，而部分高校的评估体系很少或根本不涉及安全教育的相关内容。另外，这些高校往往把安全教育当作一项简单的工作来做，只是把它作为一个口号，没有给予高校学生安全教育足够的重视，或者仅仅停留在宣传上，缺乏具体可行的方法与措施，这种情况使得高校学生安全教育真正的价值并未得到体现。由于一些高校对安全认识不足，而忽略了它所包含的意义——保障学生人身安全、促进其健康发展。从某种意义上说，学生的生命安全直接关系到高校能否正常运转甚至能否继续生存，因此，高校必须高度重视对高校学生的安全教育。

3. 高校学生安全教育略显急功近利

部分高校为了实现上级的目标、降低成本并增强高校学生安全教育的效果，往往追求短期利益。当学校发生安全事故时，他们会进行广泛、深入和全方位的宣传活动，期望通过这些活动，让教师和学生在短时间内掌握丰富的安全知识和安全技能，从而提高他们的安全意识。但是必须认识到，提高高校学生安全教育的效果是一项需要长时间坚持和持续努力的任务，仅仅依靠集中的宣传和教育并不能迅速提高安全教育的效果。高校学生安全教育的效果不是一朝一夕能够实现的，它要经历一个从简单到复杂再到简单化的过程。短时期内对安全知识的大量积累可能会产生适得其反的效果。

（二）高校学生安全教育理念缺失

要想使高校学生安全教育取得预期成效，高校必须从安全教育理念入手。因此，加强高校学生安全教育理念研究与实践探索，无疑具有十分重要的现实意义。然而，目前部分高校在其学生安全教育理念方面缺乏明确的指导思想，这导致教育工作具有一定的随意性，而没有真正从促进学生全面发展的角度出发。

一些高校没有真正地将“以人为本”的教育理念融入高校学生安全教育中，主要体现在没有将高校学生安全教育整合到高校的课程和学分体系中、高校学生安全教育教材的缺乏或过时、缺少专业和大规模的高校学生安全教育团队、高校对安全教育负责人员的培训也不够重视等。目前部分高校中存在着一些不符合现代社会要求和学生身心特点的观念与行为，如安全教育的内容陈旧、方法单一、形式简单以及忽视安全意识培养等。因此，需要确立一个前沿且科学的高校学生安全教育理念，进行持续的高校学生安全教育活动，并在此基础上，建立起一个具有系统性和科学性的高校学生安全教育体系。

（三）高校学生安全教育制度不完善

只有在科学合理的安全教育制度才能真正保障学生接受有效的安全教育，没有严格有效的规章制度体系做保障，就难以形成一套完整统一、科学合理的高校学生安全教育管理体系。高校安全教育制度的建立和实施，为广大学生提供了一个参与高校学生安全教育的关键途径。建立完善的安全教育制度不仅是教师实施高校学生安全教育和进行教育科研创新的基本要求，也是高校学生安全教育各部门能够有效履行职责和相互合作实施高校学生安全教育的重要保障。因此，对高校学生安全教育制度进行研究具有重要意义。

在目前的情况下，高校学生安全教育在一些高校中的地位相对较低，因此，如何通过完善的安全教育制度建设来保障高校学生在安全事故发生时能够及时做出反应、减少人员伤亡，已成为高校学生安全管理工作面临的新课题。高校学生安全管理只有与高校学生安全教育紧密结合，才能确保大学校园的和谐与稳定。

高校学生安全教育不应只局限于传统的课堂教学，还涵盖了实践和宣传教育等多个方面，其涉及的机构和部门众多，在内容、形式等各个层面都有其独特之处。因此，为了满足高校对高校学生安全教育的需求，高校需要制订既详细又具有针对性和操作性的安全教育制度。

（四）高校学生安全教育机制不健全

第一，高校学生安全教育缺乏长效机制。进行高校学生安全教育是一项需要高校进行长期投入的任务，随着高校规模扩大和办学层次提升，学生人数增多，校内也容易出现了一些不和谐现象，如安全事故等。这意味着高校需要制订长期的安全教育机制，设定可以达成的高校学生安全教育目标，制订科学且实用的执行步骤，明确各个部门和组织的权责，以确保高校学生的安全教育能够持续有效地进行。随着我国高等教育事业发展水平不断提高和办学规模不断扩大，学校对高校学生安全教育提出了新的、更高的要求。目前，一些高校中的高校学生安全教育内容过于简单，缺少系统性和连贯性，这与部分高校缺乏长期安全教育机制是密不可分的。

第二，高校学生安全教育师资队伍缺乏常态化提升机制。随着时代的变迁，高校学生安全教育的内容也应根据不同的时间、情境和个体进行调整。因此，高校中的高校学生安全教育师资队伍需要能够适应时代和社会的变化，以满足高校学生对安全教育的不断增长的需求。部分高校在培养学生安全意识方面投入不足，没有形成系统完善的教育课程体系，导致部分高校的高校学生安全教育水平不高。因此，这些高校应当优先考虑吸引高质量的安全专业人才，建立一个高质量的安全教育师资队伍；同时还需要加强学生安全教育工作制度体系的完善，建立起常态化的安全教育师资队伍提升机制，确保安全教育活动顺利开展。

第三，协调运转机制不健全。由于一些高校目前尚未建立完善的安全教育协调运转机制，使得安全教育各职能部门之间相互脱节，这在一定程度上影响着高校安全教育活动的开展。虽然这些高校已经建立了专门负责处理校园安全问题的安全管理机构，但教育仍然不能被管理所替代。目前，部分高校普遍缺少专门负责安全教育的部门，这些部门的职责和定位都不明确，各级之间的合作也缺乏有效的协调机制。安全教育的内容单一、形式枯燥、乏味、与学生生活脱节。

（五）高校学生安全管理存在形式化现象

一些高校的学生处在工作上呈现出某种形式化的趋势。学生处主管全校范围内的学生管理活动，是一个至关重要的部门，他们的职责不只是管理学生，更重要的是为学生提供服务。但是某些高校将学生处更名为学生服务中心，用这种形式化措施突出学生处在服务方面的功能。某些高校的学生处对学生实施形式化的管理和检查措施，过分强调安全管理而忽视安全教育，更侧重于对高校学生日常行为上的约束而不是思想的引导。在多个层面上，部分高校的学生处会用各种不同的规定和限制来严格约束和管理学生，而没有真正做到“以学生为中心”给予高校学生关心和照顾。这些学生处在安全管理方面的工作并不深入，没有将安全管理与安全教育、心理健康教育和法律普及相结合，也没有组织学生进行详尽的安全案例分析和消防演练等。另外，高校还需要配备专职或兼职的心理辅导教师，但这些教师大多来自民办高校，缺乏相应的心理学理论基础以及专业知识。部分高校学生处的工作人员的专业能力相对较低。他们大多不完全了解高校的规章制度，法律意识不足，甚至缺乏足够的责任感或其专业能力受限，这样的情况可能会给各个二级院的辅导员教师带来更大的工作压力，影响到高校学生安全管理工作的正常开展。

二、高校学生安全教育问题的成因

（一）忽视高校学生安全教育对象的特殊性

高校作为人才培养的基地之一，其受教育者对高校学生安全教育的看法和态度，将深刻地塑造高校学生安全教育的主题、方式和成果。因此，研究高校学生安全教育中受教育者自身因素对其学习效果的影响具有重要意义。影响高校学生安全教育的受教育者自身因素主要有群体特征、思想意识、安全素养以及学习主动性。

1. 高校学生安全教育受教育对象的群体特征

（1）群体组成复杂

目前，高校中有各种不同背景的学生，高校学生在学历上分为本科、硕士和博士三个层次，部分高校还有留学生和交流生。不同的高校学生群体成员在经历、背景方面有所不同，由于高校学生在年龄、性别、民族等方面具有差异性，他们对安全问题的认知程度、处理方式和心理承受能力也不尽相同。此外，在相同的年龄范围内，高校学生在家庭背景和行为模式上也表现出了多样性。因此，高校学生中出现的群体性事件往往具有突发性、不确定性、偶然性等特点，其表现形式与以往相比发生了很大变化。由于成员构成和能力的多样性，高校在开展学生安全教育方面面临着不小的挑战，高校应当实施具有独特性质和目标明确的高校学生安全教育措施。

（2）群体特征鲜明

①学生群体特征鲜明

在新的时代背景下，高校学生更容易受到外部环境因素的影响。一些高校学生对新出现的事物都表现出浓厚的好奇心和接触的兴趣，而带来不良影响的新奇事物可能会产生安全隐患。

②性别特征鲜明

不同性别的高校学生在群体特性上存在明显的不同。男生容易表现出冲动好斗的特征；而女生通常更加感性。同时，男生在身体上和心理上更易受到外界因素的影响，从而导致安全事故。考虑到两者在群体特性上的差异，高校应依据每个群体的特点来有针对性地进行安全教育，高校应对男生加强防止人身伤害和法制教育的指导；同时多给女生一些鼓励与帮助，可以向她们提供防止诈骗以及自我防护的教育。

从目前的状况分析，我国部分高校在高校学生安全教育方面尚未充分考虑到上述各种群体的特性，因此这些高校还没有更加有针对性地设计教育计划，包括相应的课程和教学方案，以实现真正的个性化教育和因材施教。当然，对于具体问题而言，这并不能保证所有高校都能按照既定计划开展好这项活动。某些高校虽然考虑了不同高校学生群体性别特征中的一两个特点，但往往也只专注于这一两个方面，导致了安全教育资源的浪费。因此，要想提高我国高校学生安全教育水平，必须从多方面入手。

2. 高校学生安全教育受教育对象的思想和心理

高校应更多地关注高校学生的实际思想和心理状态，从总体上看，高校学生这一群体的价值观和心理状况存在一些特定的倾向和表现。

（1）价值观不稳定

高校学生具有较高的政治思想觉悟和文化知识素养，有一定的理性思维方式和行为选择能力。但部分高校学生受不良风气影响较重，在心理上也出现了一些偏差和困惑，这无疑给高校乃至整个社会带来一定负面影响。高校学生的价值观还不够稳定，高校有必要对学生进行系统的锻炼和培训，以增强他们抵抗不良思想和价值观的能力。此外，高校应该将社会主义核心价值体系融入日常的安全教育工作当中。

作为一个高校特殊群体，高校学生有着鲜明的个性特点以及价值取向等方面的独特性，因此，高校要想真正做好安全教育工作就必须从学生心理入手。高校还应该在多个领域开展高校学生安全教育活动，确保学生能够掌握完整的安全知识。目前部分高校的高校学生安全教育方法不完全符合高校学生的思维习惯，导致其效果并不尽如人意。

（2）心理不稳定

现代高校学生的心理状况相对较为不稳定，主要体现在以下几点：

第一，高校学生面对挫折的能力相对较弱。他们往往会把挫折看作一种压力，而不是一种享受。大部分高校学生对于现实生活往往缺乏深入的了解，在与社会紧密相连、开放性强的高等教育环境中遭遇困境时，有部分高校学生有可能深陷于负面情绪中。

第二，部分高校学生具有高度的依赖性。由于独立人格尚未健全，导致一些高校学生的性格比较脆弱，依赖性较强，对他人的关心与体贴不够，面对情绪时甚至会采取极端行为。在大学生活中，高校学生真正需要的是能够独立地规划自己的学业和日常生活，独立正确处理个人的情绪问题。

第三，一些高校学生缺乏足够的自我控制能力。有些高校学生在面对外部诱惑时的抵抗力较弱，一旦被这些诱惑所吸引，他们很难完全摆脱。

第四，高校学生更容易产生社交恐惧。一些高校学生的性格偏向孤僻、社交活动不多、很少有朋友，当他们在困境中找不到帮助时，往往选择自我逃避或选择自我封闭。如果这种情况持续下去，他们可能会产生如社交恐惧这样的心理障碍。一旦他们在情绪压抑中选择了采取错误的极端手段来发泄，就容易危及其自身生命和社会稳定，给家庭带来巨大的经济与精神负担，影响学校正常教学秩序，对校园安全构成严重威胁。

高校应当对高校学生的心理健康给予充分的关注，并在适当的时机对他们进行安全教育和指导，以减少安全事故的风险。

（3）侥幸心理

心理行为学认为："侥幸心理是人的本能意识的一种反应，是行为人为了追求个人目的或达到某种结果过于自信而存在的不负责的、放纵的、投机的一种心理状态。"[①] 如果一个人缺乏必要的安全意识，那么就无法有效地预防安全事故。在大多数情况下，侥幸心态是一种潜在的心理状态，它并不能完全控制人们的日常行为。只有当个体难以抗拒外部的诱惑时，这种心理状态才可能得到加强。部分

① 周敏．浅析侥幸心理的危害及预防[J]．剑南文学（经典教苑），2012（2）：318-319．

高校学生存在一种侥幸的心态，这种心态在安全方面表现为两种倾向：其一是觉得安全事故离自己很远，安全事故的发生率很低，因此很难发生在自己身上；其二是认为自己已经具备足够的聪明才智，有能力在发生安全事故时保护自己，无需接受安全教育。此外，尽管安全事故经常被提及，但大多数高校学生并没有真正体验过这些事故，因此会导致他们中的部分人对于安全的预防措施并不够重视，认为安全问题与个人关系不大。

（4）轻易信任他人

由于高校学生在社会经验方面相对匮乏，没有经历过生活中的各种挫折，他们对社会生活抱有简单而美好的幻想，缺乏足够的警觉性，容易对他人产生信任，也缺乏足够的判断力。与此同时，在高校中出现的各种不安定因素也越来越多，如网络诈骗等，这些都在危害高校学生的安全。

由于对高校学生心理层面的研究不够深入或者没有给予足够的重视，目前部分高校在高校学生安全教育方面的成效仍然不尽如人意。因此，有必要进一步探讨高校学生安全教育的有效途径和方法。在高校中，对学生的安全教育应着重于心理层面的引导，加强他们的安全意识，教导他们如何维护自己的安全和权益。

3. 高校学生安全教育受教育对象的自觉性、主动性

随着社会经济发展水平的不断提升，人们对于生活环境与生活条件提出了更高的要求，而这些要求则主要体现为人身安全和财产安全。目前，高校实施了一系列的策略来强化高校学生的安全教育。其中，借助媒体传播渠道开展安全教育是目前高校普遍采用的方式之一。例如，高校可以通过校园广播、官方微博等多种渠道来进行安全教育活动；定期邀请公安和消防部门的工作人员和专家来举办讲座。这些举措虽然取得了一定成效，但是其教学效果仍不明显，甚至有些时候还出现了适得其反的情况，这主要是因为高校学生在接受安全教育时缺乏自觉性和主动性。

具体来说，一些学生觉得自己已经成年，能够自主决定大部分事务，对自己的问题认知和处理能力充满信心，认为自己有足够的防范安全隐患的意识和能力来应对各种安全事件。然而，他们对高校提供的高校学生安全教育并不重视，也很少主动参与到安全教育活动中来。有部分学生在面对安全事故时表现出畏惧感，缺乏安全感，不愿意参与到校园安全管理中来。再者，部分学生对目前的安全状况了解不足，他们认为掌握专业课程或进行有效的教学和研究是至关重要的，掌握安全教育知识和安全技能并非必要，他们参与安全教育讲座也不是出于自己的本心。另外，有一部分高校学生面对着就业和升学的压力，他们认为安全教育无

法提高自己的成绩，也不能增加学分，因此是可有可无的，持有这样的观点的高校学生参与高校学生安全教育活动的主动性自然是不足的。此外，由于我国目前还未建立完善的高校学生安全教育体系，一些高校对高校学生安全教育的重视程度不够高，导致很多高校学生在毕业时不能及时地适应新环境，不懂得如何应对各种突发情况。

由于种种因素，高校学生安全教育并未实现全方位的覆盖，其教育成果也相对有限。在这种情况下，高校要想真正提高安全教育的实效性，必须对原有安全教育模式进行创新与改进。实际上，在现代社会中，安全问题变得越来越复杂和难以察觉，涉及的范围也越来越广，一些突发情况甚至超出了人们固有的认知界限。安全教育可以有效提高学生自我保护意识，促进社会文明进步。因此，在高校中，如何引导学生从被动接受安全教育转变为主动参与安全教育，成了深化高校学生安全教育工作的首要任务。

（二）社会环境因素的不良影响

目前，我国正在经历社会的转型阶段，市场经济得到了飞速的发展，民众对物质和文化的需求也日渐增长，各式各样的娱乐方式不断涌现，再加上高校对附近产业的推动作用，使得学校周围的环境变得复杂。而部分高校学生缺乏必要的安全意识以及一些高校本身在安全管理上存在诸多不完善之处，这都会给高校带来一定的负面影响。从宏观角度看，随着社会结构变得越来越复杂，导致高校安全风险逐渐上升，这也使得高校学生安全教育面对更大的挑战。目前来看，高校内发生安全事故的主要原因在于高校本身在安全管理上存在一定程度的不完善性。另外，由于高校的安全教育系统具有高度的开放性，这也导致了一些潜在的不稳定因素得以渗透进高校安全教育系统中。

1. 社会环境风险

当前，中国社会发展日新月异，这使得中国社会展现出高度的多样性、复杂性，各种潜在风险无处不在，其安全问题也日益凸显。同时，改革开放为我国带来了经济发展的新局面，也使人们的生活方式发生巨大变化。在这段时间里，国外的创新事物、思维方式和社会价值观涌入了逐渐开放的中国，对中国人民的传统价值观产生了冲击。高校学生对于新颖的事物表现出了更高的好奇心和接受度，但他们也更容易受到负面思维、事物和行为的影响。因此，有必要从经济和文化角度出发来分析当前我国高校学生的思想意识状况以及社会环境的风险。

随着互联网技术的飞速发展，高校学生接触网络渠道增多，他们可以从网上获取各种有用信息和知识，并将这些信息反馈到现实世界。另外，由于互联网技术日新月异，一些警觉性较低的高校学生容易受到网络兼职等的欺骗。

随着中国日益开放，国与国之间的文化交流和互动也在不断加强。这些外来文化带来了积极有益的东西，但同时也产生了消极影响。在社会中涌现的负面文化和风尚，对学生的健康成长和正确价值观形成产生了直接的负面影响。

2. 网络环境复杂

网络作为一种新媒体，给人们提供了更多获取知识和信息的渠道，对高校学生产生了重要而深远的影响。部分高校学生已经对网络产生了强烈的依赖，他们利用互联网获取各种知识、获取信息，交流感情、发表观点，进行学习、工作和人际交往等活动，互联网变成了他们生活中不可或缺的组成部分。

但是，网络既有其优点，也伴随着风险。在发展过程中，由于技术不完善、监管不力以及社会认知偏差等原因，我国部分高校学生存在着信息安全意识淡薄、安全意识薄弱等安全问题。在这个信息化的时代，人们的生活变得更为便捷，但同时也伴随着负面信息的传播和个人信息的泄露这两大挑战。因个人信息泄露而涉及的网络欺诈事件，已逐渐成为威胁高校校园安全的关键因素之一。随着互联网技术发展和网民数量增长，网络也越来越受到人们关注，网络的安全性问题日益突出，甚至威胁到了广大师生的生命财产安全。

一方面，由于网络带来的不良影响，高校有必要加强对网络安全的教育，以便更有效地帮助学生降低潜在风险；另一方面，网络也对传统的教学模式造成了一定影响，使学校的教学方式发生了根本性转变。互联网的普及为高校的安全教育系统引入了创新的教学方式，同时也引发了一系列的挑战。在此背景下，高校的网络安全教育工作显得尤为重要，由于网络技术的高度复杂性，高校在在线教育建设方面进展缓慢且有一些不足之处，高校的网络安全教育的成效无法保障。

3. 周边环境较为混乱

随着互联网时代的到来，人们越来越重视学生学习与生活方式。随着互联网技术的不断发展和普及，高校学生上网已不仅可以休闲娱乐，也可以进行时尚消费。高校学生的消费促使了学校附近商业活动的开展，这虽然让高校学生的大学生活更加方便，生活质量有所提高，也使得高校周边环境较为混乱，高校周边的安全风险系数也有一定的上升。

较为混乱的周边环境为高校学生安全教育带来了一定的挑战。校园周边环境复杂多变，存在着众多不稳定因素。周边环境的不稳定也带来了一些安全隐患。

在当前形势下，要提高高校学生的安全意识，必须从校园周边环境着手。校园周边环境为高校提供了一个开展学生安全教育的宝贵机会。复杂的周边环境不仅能增强学生的危机意识，还能提高他们的自我保护意识；从另一个角度看，这也能加强学生在安全理论知识上的实践。因此，如何利用校园环境加强高校学生的安全教育就显得尤为重要。

4. 教育理念不当

现代一些高校过分强调对专业知识的传授，却忽略了对高校学生进行人格、心理和安全等多个方面的教育重要性。很多高校为了吸引优秀人才，往往采取免试录取或择优录用政策来招收应届大学毕业生作为高校安全教育工作者，这就造成了一些学生在进入高校后，不具备相应的专业技能，无法适应工作岗位的要求。在这种安全教育的引导下，高校学生处理社交挑战和风险的能力也无法得到提高。由于高校学生在安全意识上缺乏必要的安全知识和安全技能，遇到安全风险时无法妥善处理问题。

因此，高校对学生实施安全教育就显得尤为重要。显然，高校仅仅对学生进行专业理论知识的教育是不足够的，高校教育的目标是促进学生的综合素质全面发展，而安全素质作为高校学生的基本素质之一，也应该是高校教育教学的重点。

5. 教育资源尚未整合

教育资源呈现出一种复合性，高校要使教育资源达到最优化状态，就必须整合教育资源，充分发挥各种教育资源的功能。教育资源主要来自社会、学校和家庭。其中，社会是影响学校与家庭之间相互联系、相互作用以及相互影响的重要因素之一。现阶段，大多数高校都是将校园作为一个整体来进行管理，而没有把校园中不同层次的人群区分开，对他们的思想政治教育也只是停留在表面层面上。从当前的状况来看，社会、家庭和学校之间的互动尚不理想。从整体上看，学生安全教育主要依靠高校进行，而高校又对此缺乏足够的重视，没有把它作为一个单独的系统来对待。由于受到多种外部因素的制约，高校也因缺乏良好的环境而难以对学生进行有效引导。在家庭中，孩子会受到不同程度和质量的教育，而家长的素质则是决定孩子价值观形成的关键因素。从这个意义上讲，建立一个开放的、动态发展的高校学生安全教育系统就显得尤为重要。必须持续改进社会、学校与家庭之间的互动关系，高效地融合这三种教育资源，充分利用它们的潜能，从而提升教育的成果。才能更好地适应我国高等教育大众化发展进程的需要。

在复杂的社会背景和环境中，高校学生安全教育系统的开放实际上为不良因素进入高校创造了便利条件。这就需要高校从宏观层面来把握学生安全教育的现状，分析其存在的问题及其原因。随着高校逐渐开放了高校学生安全教育系统，安全教育将不可避免地面临各种挑战。因此，高校学生必须采取一系列措施来应对这些危机事件的发生。

（三）家庭教育的缺失

家庭不仅是孩子成长的摇篮，更是学生接受高校学生安全教育的主要场所之一。安全教育既与学校有关，又与家庭有关。高校应与家庭紧密合作，充分发挥双方的协同效应，以实现对高校学生的全面教育。家庭教育中的各种问题为高校学生安全教育带来了许多考验，学生在校期间受到来自各方面因素的影响，容易遇到各种各样的安全问题。高校应当认真对待这些挑战，并积极地寻找解决方案。

1. 家庭教育不健全

在不健全的家庭教育环境中长大的高校学生，他们的个性和人格特征也就更容易受到家庭教育因素的制约和影响，从而表现出不同程度的缺陷或不良性格倾向。庭教育的不足可能会导致孩子遭遇各种心理问题，这些心理问题可能会对他们的整个人生产生影响，并在不同程度上影响他们对各种知识和技能，包括安全相关技能的掌握。

2. 家庭教育方法不当

我国目前的高校学生犯罪案例中，家庭教育方式问题是导致其犯罪的原因之一。家庭教育中的缺陷和不恰当的教学方法，为后续的高校在安全教育方面带来了挑战。不恰当的家庭教育方式主要体现在以下几点：

第一，一些家长从小对学生采取“严管”的措施，采用“棍棒”式的教育方法。当孩子犯下错误时，家长会立即斥责，甚至暴力体罚。在中小学的教育过程中，一些不良行为和习惯相对较多的学生会受到其家长严格的监管，当这些学生进入更自由的大学后，他们的不良行为和习惯很容易被放大。目前我国大部分高校都开设有心理健康课，但部分高校的心理健康课只注重理论灌输而忽略实际应用。

第二，家长对孩子实施全方位的干预式教育方法。有部分父母对孩子的学业和日常生活进行过度干预，协助孩子解决各种难题，导致孩子在进入大学后，思想仍不够成熟，面对复杂问题时缺乏独立思考的能力。

第三，家长对孩子采取盲目且过于宽松的教育方法。有些家长过于溺爱子女，对孩子的教育采取放任的态度。然而，随着社会逐渐变得更加开放，社会上的诱惑也在增加，隐藏在社会中的风险也在逐渐增大。家长对学生采取放任的教育可能会导致他们放纵自己，最终走上错误的道路。

不当的家庭教育方式和教育资源的缺乏，都会对学生的个人成长路径产生不利的影响。高校有责任协助那些在不适当的家庭教育环境中成长起来的学生，使他们能够摆脱某些不良习惯。高校应该先对学生进行心理疏导，给予学生更多的自主选择和判断的自由。同时，也需要对学生的世界观、人生观和价值观进行正面的引导，给予他们更多的心灵关怀。

3. 家长的不良示范

家长的素质不仅决定了孩子的成长路径，还在孩子成长的过程中起到了榜样的作用，进而指导他们选择何种生活路径、朝向何种方向前进，以及成为怎样的人。家长在家庭生活中的地位与角色不同，他们对子女的影响也就有很大差别。家长的世界观、人生观和思想品德是父母个性的体现，这对子女价值观的塑造具有隐性和无形的影响。家长的这种影响力不仅来自自身，而且还来源于他人。正如列夫托尔斯泰所阐述的，教导孩子的核心是自我教育，而这种自我教育是家长对孩子产生最大影响的方式。家长的这些行为方式，直接或间接地对孩子的身心成长产生巨大影响，甚至会使他们终身受益[①]。

在当代社会中，一些家长对安全的意识相对较弱，例如，对交通规则的不够重视，出现如闯红灯、逆行等行为，这些都对他们作为高校学生的孩子产生了不良的示范效果；一些家长甚至经常与他人发生言语或身体上的冲突，这给他们的孩子带来了心理创伤，可能导致孩子产生心理健康问题。家长所展现出的这些不健康的行为，对他们的子女有着巨大的塑造作用，导致他们逐渐变得像家长那样，对自己的安全缺乏关心。因此，加强高校安全教育，提高广大师生的安全防范意识就显得尤为重要。在此背景下，构建学校—社区—社会三位一体的学生安全教育体系势在必行。

高校的学生安全教育体系强调了与校外主体进行广泛合作的重要性，通过家校合作开展学生安全教育，可以弥补学校在高生安全教育方面的不足。但是，目前的家庭环境中的问题导致了安全教育在内部和外部的协同基础上出现了缺陷，难以达到真正的协同效果。此外，由于家庭结构单一且功能有限，导致家长缺乏必要的指导，不能有效地参与到学生学习生活中去，难以发挥其在培养高校学生安全意识上应有的作用，从而增加了安全教育的难度。

① 苏霍姆林斯基．家长教育学[M]．杜志英，等译．北京：中国妇女出版社，1982．

第三节　新媒体视域下高校学生安全教育策略

一、融合新媒体进行高校学生安全教育

当前的高校学生安全教育大多使用老旧的教育形式，更加看重对理论知识的讲授。教育数字化与信息化已经成为高等教育的流行趋势，因此高校在开展安全教育的时候，必须改变固有的教育观念，提升教师对新媒体教育意义的认知。勉励教师在实际教学中持续使用新媒体的教育形式，尝试全新的路径，建设与之对应的激励体制，勉励教师在使用新媒体教育教学的进程中持续推陈出新。对安全教育教学效果的积极调查与反映工作要实时跟进，也要实时集中收取学生提出的各种问题，持续探究，帮助学生解决问题，在困难中不断优化教育教学。

二、提升教师新媒体教学能力

教师团队如能熟练应用新媒体，安全教育效果会事半功倍。因此，有必要提高教师应用新媒体教学的能力，最终能够不露痕迹地以新媒体促进传统教育的转变。高校可以采取开办培训班、开展讲座等形式，使教师快速了解和掌握新媒体教学技术，并在教学过程中大量运用新媒体教学方法。除此之外，高校还可以转换教师的角色，使其变被动接受新媒体教学为主动使用新媒体教学，使用同课异构的教学方法定期进行讲课展示，可以使负责安全教育的教师互相了解对方的授课特点、思维方式，彼此借鉴、共同学习，快速提高他们的授课能力，提升教师的新媒体教学能力，使学生能够学习更多的安全知识。

三、构建新媒体高校学生安全教育阵地

为了提升高校学生安全教育的教学质量，高校必须先行构建新媒体高校学生安全教育阵地，并着力完善相关的运行机制。例如，日常教学活动中，高校应为教师大量配置新媒体资源，经过有效整合，提高教师使用新媒体资源的概率。可以构建一个内容包罗万象的新媒体高校学生安全教育阵地，并与各种自媒体平台和公众媒体平台结合，有效拓展教师和学生之间的交流网络，不断向学生传授安全知识和安全技能，增强双方之间的双向沟通。

建立立体的、层次丰富的新媒体安全教育阵地，就是要将班级、年级、学院、

学校四级有效疏通，形成既有个性又能互补的纵向交流通道，能够使各种知识快速流通到每一个学生。除此之外，还务必对新媒体高校学生安全教育阵地上的内容进行仔细把控和甄别，使学生接收健康、积极的安全知识，有效提升新媒体的教育、传播功能。

四、把握高校学生安全教育主动权

长期以来，一些高校学生安全教育主要集中在安全执行模块上，仅仅满足于教学的表面需求。对于安全教育的具体内容和方法，缺乏全面的理论研究，更多的教育内容是应景式和被动的。例如，部分高校在网贷事件大规模发酵之后，才开始重视互联网安全教育。这不仅容易导致安全事故，还有可能影响到学生正常学习生活。因此，高校应深化对安全教育工作的理论研究，丰富安全教育的内容，制订一套有效的安全教育计划，并在实际工作中积极实施安全教育。目前国内高校开展的安全教育主要包括防电信诈骗、防拐卖、防性侵“三防”教育、高校学生安全意识培养以及高校学生安全技术防范等。

（一）高校学生安全教育的细致化与多样化

高校学生安全教育要与高校的其他各类教育有机结合起来进行，形成一个完整的教育体系。安全教育并不是一个孤立的领域，它可以在实际操作中与高校的其他教育活动相结合，采用更具感染力或更受学生欢迎的方式进行。此外，高校学生安全教育相关职能部门之间应加强沟通，建立起全方位、多层次的高校学生安全教育体系。高校可以通过组织学生参与安全知识竞赛、观看安全教育电影、制作安全教育舞台情景剧等多种方式，将安全教育整合到校园文化活动中，使学生在观看的过程中能够接受并主动加强安全意识，从而提高他们的危机防范能力；还可以引入互动式的游戏教学方法，通过精心设计的游戏规则和各个游戏环节，可以在互动中不知不觉地影响学生的安全意识；加强校园安全文化建设，营造“人人讲安全”的良好风气等。

（二）从意识形态上加强高校学生安全教育

结合当前高校思想政治理论课教学，不断强化理论武装。强调意识形态上的高校学生安全教育。要坚持用科学理论武装高校学生的头脑，增强他们抵御各种错误观点的能力，并通过各种宣传和宣讲手段，强化意识形态上的安全教育，逐渐在实际操作中创造积极的传播环境，帮助学生树立正确的价值观念。针对高校学生的心理变化特点及存在的心理健康问题，重视开展心理健康教育，建立完善的心理健康教育机制。结合校园突发事件，采取多种方式强化高校学生的安全意识与防范意识，增强高校学生抵御风险的本领，从而有效地防止安全事故。

五、构建高校学生安全教育管理的保障体系

为了确保人身安全教育深入人心、财产安全教育与时代同步，高校需要构建一个全面的高校学生安全教育保障体系。

（一）高校学生安全教育资源保障

第一，高校学生安全教育组织保障。即高校要建立一支专业稳定的师资队伍，配备相应数量的专职教师，同时高校还需完善管理制度，健全监督机制，以确保高校学生安全教育工作顺利开展。为了强化高校学生安全教育，高校有必要建立相应的组织保障机制。在现有制度框架下，应将校内各级各类安全教育机构作为一个有机整体进行规划布局，建立统一领导、分级负责、职责明确的工作机制，以提高其教育质量。如专门建立一个名为学校安全教育领导小组的安全教育组织结构，其中包括办公室和其他相关部门；在这个小组内设置专职负责高校学生安全教育的教师，负责开展日常工作；建立学校—办公室—小组成员三级安全教育组织体系，以确保高校学生安全教育的组织保障；将安全教育的组织结构、人员配置和工作流程整理成文件，并分发给相关部门，同时将相关的管理方法和规定整理成文稿并装订成册，以完善高校学生安全教育组织保障。

第二，高校学生安全教育人力保障。多年来，部分高校在安全教育方面一直面临专业人才短缺的问题，同时这些高校也没有全面的建立和完善人力资源的保障机制。此外，我国目前没有专门针对高校学生安全教育制订制度。在高校中，一些负责高校学生安全教育的教师既不是教育领域的专家，也不是安全或管理领域的专家。有些人甚至在自己的专业未能取得显著成就的情况下，不得不“勉为其难”负担高校学生安全教育，专业人才极为稀缺。另外，由于各方面因素制约，目前我国部分高校没有系统完善的高校安全教育体系，高校学生安全教育人力保障不足。安全教育被视为交叉学科的代表，它融合了丰富的专业理论和实际应用技巧。高校要健全高校安全教育组织机构体系，完善相关规章制度，加强对高校学生安全教育教师的培训力度。因此，高校亟需构建和完善其安全教育的人力资源保障体系。

（二）高校学生安全教育活动保障

首先，高校应建立高校学生安全教育活动目标保障。高校学生安全教育工作的最终目的是实现学生个体或群体的全面发展，因此高校安全教育活动应当以培养合格公民为主要目标，这就决定了高校学生安全教育活动必须有明确的目标。高校学生安全教育是教育领域的一部分，只有严格遵守教育的基本规则和标准，才能确保高校学生安全教育的顺利和高效进行，同时，高校学生安全教育活动也需要有明确目标。因此，研究高校学生安全教育目标不仅有利于提高高校安全学生教育工作的质量和效率，而且对于促进校园稳定与和谐也有着重要意义。第一，在进行高校学生安全教育时，高校需要确立明确的高校学生安全教育目标。这些目标应基于相关管理部门对高校学生安全教育的明确指导，并在充分考虑高校实际情况的基础上，谨慎地制订具体的高校学生安全教育目标。第二，高校学生安全教育目标并不是一成不变的。每一所高校都有其独特的特点和标准，因此，在制订高校学生安全教育目标时，必须全面考虑到高校的培养目标、教育目的、教育参与者、教育环境、教育资源以及教育文化等，以科学的方式制订出具有学校特色的高校学生安全教育目标；此外，制订安全教育目标需要一个动态的过程，高校可以通过多种途径对这一目标加以完善。第三，高校学生安全教育目标不能简单地“固定不变”。随着社会、教育和学校的进步，高校学生安全教育目标也在同步发展。为了确保高校学生安全教育目标的持续性、同步性和适应性，学校需要在适当的时机对高校学生安全教育目标和具体的教育活动进行效果评估。基于这些评估，学校应对安全教育目标进行实时的调整，以确保其具有适应性、发展性和有效性；此外，高校需要根据实际情况不断修正高校学生安全教育目标，确保其始终处于有效状态中。

其次，高校学生安全教育活动过程保障。在高校中，高校学生实施安全教育主要依赖于教育活动。从某种意义上说，教育活动的质量就是高校学生安全教育质量的具体体现。因此，确保高校学生安全教育活动的高质量是实现安全教育质量和水平的基础条件。第一，高校应建立健全高校学生安全教育活动制度保障体系。需要加强对高校学生安全教育活动的管理和制度建设，制订并严格执行安全教育计划。在高校管理层面，高校有必要构建、完善以及强化高校学生安全教育活动的管理体系，要从制度上对高校学生安全教育管理工作进行规范和引导。第二，要制订并落实好高校学生安全教育工作制度，明确各部门职责及权限划分，使高校学生安全教育活动能够有序地进行，避免安全事故发生。高校安全教育工作具有一定的特殊性，其本身就是一种复杂的系统工程，需要多个部门配合才能完成。第三，高校必须高度重视并执行高校学生安全教育的评估活动。目前，一些高校学生安全教育活动的评估流程仍显得较为随意。笔者建议高校在进行安全教育活动的评价时，应建立和完善相关的评价制度和方法，明确评价的标准和目标。根据科学、严谨和规范的评价方法，将评价过程纳入教师的业务和管理业务管理体系，将评价结果纳入教师职业发展管理体系和薪酬绩效体系，将安全教育活动的成绩纳入学生的考试考核体系等，以提升高校学生安全教育的重要性，落实高校安全教育活动的过程，并突出高校安全教育活动结果评价的意义。

最后，高校学生安全教育活动薄弱专项管理保障。在某些关键环节，高校学生安全教育管理稍显薄弱。因此，高校需要加强这些方面的管理，并构建完善的高校学生安全教育管理保障体系。第一，建立健全高校学生安全教育活动薄弱专项的文件管理机制。尽管一些高校在消防安全、公共卫生和心理健康安全教育方面已经采取了一些措施，但这些措施缺乏明确的纲领，主要表现在某些高校具体执行教育活动时缺乏灵活性和专业性。在考虑到消防、安全生产、高校管理和地方政策等因素的基础上，高校应根据自身的实际情况来建立、完善和加强高校学生安全教育活动的管理机制。如果条件允许，高校还应在进行高校学生安全教育前邀请相关主管部门和行业专家进行文件审核和现场评估，以确保高校学生安全教育管理规定的适用性和有效性；同时也要考虑高校本身的实际情况，不能盲目跟风，照搬照抄他人经验或模式，更重要的是高校要结合自身实际制订出切实可行的实施方案，要从制度上保障高校学生安全教育活动的有效进行。第二，建立健全高校学生安全教育活动薄弱专项的课程内容管理机制。目前我国一些高校的高校学生安全教育专题课开设不够均衡。薄弱专项存在课程内容模糊、不规范和不统一的问题，在一个阶段的高校学生安全教育结束后，受教育者很难获得系统性、规范性和专业性的安全知识，从而导致教育效果非常不理想。如果高校没有将消防相关的知识和技能，尤其是涉及“防火、灭火和逃生”的实际操作内容正式纳入高校学生消防安全教育的核心课程中，学校在开展消防宣传教育时没有明确具体的宣传目标、没有将重要的管理和操作信息纳入教学材料中，那么学生就会缺乏这方面的认识，最终导致高校学生安全教育效果不佳。第三，建立健全高校学生安全教育活动薄弱专项的专业设施设备管理机制。高校学生安全教育活动所涉及的专业环境和设备并不是普通教育者能够轻松掌控的，为了提升学生的安全意识，高校有必要定期组织校内师生进行专业的实际操作、模拟演练和实战演练。目前，高校安全教育中最重要的基础设施就是各种实验室以及各类教学辅助用房，它们往往都存在着不同程度的安全隐患。这意味着高校必须对这些建筑和设备实施专业化的管理，高校必须确立并完善相关的管理流程，确保在不出现任何次要安全事故的前提下，真正提升高校学生安全教育的教学效果。

（三）高校应急安全教育管理

高校在实施高校学生安全教育时，需要遵循“特事特办、新事新办”的应急教育实践模式。因此，高校有必要加强应急安全教育管理，以构建一个健全的高校应急安全教育管理保障机制。高校的应急安全教育管理策略主要是高校为了应对教育过程中的突发事件而特别设计的一套应急安全教育措施，其目的在于提高其自身及校内师生应对突发事件的能力。

首先，针对专项事件的应急安全教育管理。这类事件通常是指与学生相关的安全事故或者自然灾害事故，如地震、火灾、洪水、泥石流等。高校每年都有可能面临与高校安全相关的特定事件。为了避免这些安全事件给高校带来的潜在风险，高校应该建立一个有效的应急预防和响应机制，确保高校能够有针对性地预防这些事件带来的潜在危害。

其次，针对重要时段的应急安全教育管理。在高校的教学活动中，存在许多具有不确定性和突发性的重要时段，这些重要时段很容易出现各种安全问题，甚至可能出现严重的安全事故。因此，高校有必要建立相应的应急安全教育管理体系，以预防潜在的安全风险。例如，高校实验室内的教学实习是一项非常特殊的教学活动，它不仅与日常实验教学存在一定区别，而且还具有较强的专业性特征，这也决定了其更应加强与之相应的突发事件应对能力教育管理。

再次，针对关键环节的应急安全教育管理。由于高校涵盖了众多专业，并且这些专业具有很高的社会属性依赖性，因此，在对这些专业的教育教学中，高校有责任完成关键实验实践环节，如机械操作、现场测量、涉及易燃、易爆和易辐射的实验以及危险实验场所等。这就要求高校必须建立相应的应急安全教育管理机制，以确保教育活动在实际执行过程中的安全性。

最后，针对生活元素的应急安全教育管理。学校有责任为日常生活中的用水、用电、饮食和就寝等方面建立应急安全教育和管理机制。任何对生活元素使用和管理时的小失误都可能导致严重后果，甚至可能引发安全事故和灾难。因此，高校针对日常生活元素制定相关的管理规定具有深远的实际意义。

（四）高校学生安全教育智慧管理

首先，推进高校学生安全教育智慧管理。在此基础上，进一步完善高校学生安全教育工作机制，推动高校学生安全教育管理向智能化方向发展，提升高校学生安全教育管理水平。为了更好地推动高校学生安全教育管理，高校应基于高校的安全教育管理信息化，致力于构建一个智能化的高校学生安全教育管理体系。通过及时有效地解决安全隐患问题，使学生在校期间能够在安全环境下学习成长。高校学生安全教育智慧管理遵循“统一规划、统一标准、信息共享、互联互通”的原则，充分利用信息化手段，将相关的基础数据、隐患事故、应急处置等各种信息进行集成和整合，实现公文传输、风险管控指导、隐患排查治理、监督检查管理、教育教学培训、预警报警等多个功能。高校应在实际工作中，探索出一套基于云计算、大数据分析的高校学生安全教育智慧管理新模式。通过这种方式，高校有望消除高校学生安全教育管理中的盲点，进而构建一个校内全员参与、体系化、流程化、规范化和网络化的安全教育智慧管理体系，实现科学管理、信息管理、过程管理和痕迹管理的目标。利用信息化技术搭建高校学生安全教育网络平台，提升高校学生安全教育的教学效果。通过运用信息技术工具，高校可以创新高校学生安全教育的执行方式，并有效地使用“扫雷器”来预防高校学生安全教育中的潜在风险；通过运用可视化的监控工具，并对安全教育的课堂教学、实际操作和模拟演练等多种教育方式进行模拟、仿真和记录，然后将这些数据迁移到高校学生安全教育的信息化平台上，高校可以有效提升安全管理部门和相关部门对高校学生安全教育内容的掌握程度，从而增强高校学生安全教育的实际效果。高校还可以利用微信公众平台，实现学校与家庭之间以及学生与学校之间的即时通信，从而使安全教育更加直观化。

其次，二次开发校园安全教育微信功能。高校可以借助微信公众号等微信的功能，实现对高校相关业务的迁移。对于高校管理者而言，可实现对校内各个岗位的实时监控与考核评估，从而更好地促进高校各项管理工作的开展。家长可以利用微信的公众号来了解高校的情况，并能够及时掌握孩子在校内的学习进展。当出现突发情况时，微信公众号可以加强家长和高校之间的互动，为家校之间提供了一个交流的平台。这样，家长和教师可以积极进行沟通交流，从而提高家校共管的效果。高校建立微信公众号等平台，可以为学生提供全方位的服务，使高校学生安全教育变得更为简便，增强学生的实际体验，还可以提升管理的智慧水平；微信公众号等平台还可以强化高校各部门间的协同合作，从而提升各部门协同作业的实际成效，并减少不必要的重复劳动和沟通。

再次，基于大数据分析构建智慧预警处置系统。高校需要将学生的消费、请假和门禁系统等基本的校内生活单元与校风校纪系统进行有机整合，形成一个智慧预警处置系统。这样高校教育管理工作者可以实时了解学生在校的生活状况，如食堂的异常消费、频繁请假或违反校纪校规等情况。通过大数据的自动分析和智慧预警，高校可以及时介入，迅速进行应急安全教育和援助，确保学生的安全。同时也能为学生个人或其家庭制订合理可行的安全策略和措施提供依据，使之远离危险，减少损失。利用校园视频监控、人脸识别和目标追踪等先进的大数据分析技术，可以深入了解高校学生的生活轨迹、学习路径和个人习惯等关键的安全因素。这不仅可以帮助高校基于大数据对教育主体所受安全教育程度进行科学评估，还可以帮助学校制订更具针对性的高校学生安全教育策略，从而提高高校的安全管理效果，并增强高校学生的安全意识和防护能力。

最后，基于智能数据终端构建智慧协同联保机制。智慧协同联防机制指高校在一定范围内构建一个以校园为主阵地，包括家庭、社会在内的全方位联动防范体系。高校的内部管理部门、校外的安全保障部门以及相关的管理人员在数据处理终端上的条件已经基本达标。智能手机已经广泛普及，电信网络也已实现基本覆盖。这些因素共同为高校构建一个基于智能数据终端智能协同联保机制提供了必要的硬件条件，即高校构建学生—班级—学院—学校—辖区安保部门的五级智能协同联保机制已经具备了成熟的硬件条件。在此前提下，建立以校园信息化平台为基础，基于智能数据终端的智慧协同联防联控体系，实现校内外信息资源共享和联动协作，形成常态化防范与快速反应相结合的新型安全管理模式。数据终端中的数据采集、实时分析、智能处理等软件，以及小程序和 APP 在现代社会已经变得非常普及。高校只需在其功能中加入与安全教育相关的内容，并鼓励相关人员积极参与其中，由此构建基于智能数据终端的智慧协同联保机制。

参考文献

[1] 吴文静．高校学生管理与模式创新研究 [M]. 北京：北京工业大学出版社，2023.

[2] 邢良．高校德育引导与学生管理创新研究 [M]. 北京：北京工业大学出版社，2022.

[3] 谢学．高校大学生管理工作与传统文化融入 [M]. 北京：北京工业大学出版社，2023.

[4] 祁素萍．高校学生管理工作创新与研究 [M]. 长春：吉林人民出版社，2021.

[5] 黎海楠，余封亮．高校学生管理与和谐校园 [M]. 长春：吉林出版集团股份有限公司，2021.

[6] 杨金辉．校园文化建设和学生管理工作的互动机制 [M]. 北京：中国原子能出版社，2020.

[7] 刘青春．信息时代高校学生管理模式的转变及创新 [M]. 沈阳：辽宁大学出版社，2021.

[8] 刘燧．新时代地方高校学生管理与辅导员工作创新研究 [M]. 长春：吉林大学出版社，2021.

[9] 王瑛．高校学生管理创新模式研究 [M]. 长春：吉林大学出版社，2016.

[10] 夏长洪．大数据视域下高校学生教育管理模式的创新路径探究 [J]. 才智，2023（28）：173−176.

[11] 袁雅迪．新时期高校学生教育管理工作改革创新路径 [J]. 创新创业理论研究与实践，2023，6（17）：134−136.

[12] 吴园园，王怡．高校学生教育管理的法治化研究 [J]. 公关世界，2023（14）：130−132.

[13] 赵莹，刘晓霞．“互联网 +”视域下高校学生教育管理的实践研究 [J]. 吉林农业科技学院学报，2023，32（3）：37−40.

[14] 施馨．高校学生教育管理的改革与创新探究 [J]. 山西青年，2023（4）：169-171.
[15] 李尚华，张逸茜．新媒体技术对高校学生教育管理的影响及应用策略研究 [J]. 吉林省教育学院学报，2022，38（9）：24-27.
[16] 吴颖．网格化视域下高校学生教育管理预警预防体系的构建 [J]. 西部学刊，2022（11）：157-160.
[17] 季一飞，朱贵喜．当前高校学生教育管理与思想政治教育融合发展路径 [J]. 现代职业教育，2022（23）：142-144.
[18] 吴明生．信息化环境下高校学生教育管理模式转变与应对策略 [J]. 山西财经大学学报，2022，44（S1）：118-120.
[19] 谢春霞．互联网视域下高校学生教育管理工作优化路径探讨 [J]. 延边教育学院学报，2022，36（2）：96-98.
[20] 章亚兴．我国高校学生管理的法律风险防控制度 [D]. 长春：吉林大学，2021.
[21] 林雨．"互联网＋"背景下地方高校学生教育管理新模式研究 [D]. 株洲：湖南工业大学，2021.
[22] 李昕照．网络社群视域下高校学生管理模式变革研究 [D]. 上海：华东师范大学，2021.
[23] 杨梓．高校学生党员教育管理存在问题及对策研究 [D]. 湘潭：湘潭大学，2020.
[24] 裴纪平．新时代高校学生管理法治化问题研究 [D]. 南京：东南大学，2019.
[25] 郑天炜．"微时代"下高校学生教育管理研究 [D]. 西安：长安大学，2015.
[26] 刘云．高校学生党员教育管理研究 [D]. 咸阳：西北农林科技大学，2014.
[27] 尹红婷．自媒体时代高校学生管理法治化研究 [D]. 南京：南京师范大学，2018.
[28] 吴恒仲．高校学生教育管理中人文关怀研究 [D]. 苏州：苏州大学，2011.